JN264706

KY式日本語

ローマ字略語がなぜ流行るのか

*

KITAHARA Yasuo
北原保雄　編著
「もっと明鏡」委員会　編集

大修館書店

まえがき

「もっと明鏡」キャンペーンで国語辞典に載せたい言葉や意味・例文を募集した際に、応募作品の中に、「KD（＝携帯電話）」「GOT（＝牛めし・大盛り・つゆだく）」「BM（＝バカ丸出し）」「DD（＝誰でも大好き）」のようなローマ字略語がたくさんあった。これらの語はすべて『みんなで国語辞典！』（大修館書店刊）に収載したが、その後も衰えを見せていない。最近、「KY内閣」がマスコミに頻繁に登場して、「KY（＝空気読めない）」という略語が人口に膾炙《かいしゃ》してきている。そこで、「KY」に代表をさせて、こういう言葉を、「KY式日本語」、略して「KY語」と呼ぶこととする。

KY語は、日本語をローマ字書きにしたときに、句（文節）や語の最初に来るローマ字で表した語である。このKY語が最近若者を中心に氾濫《はんらん》している。しかし、KY語は決して新しいものではない。私には忘れられない経験がある。年配の女性同僚に、ややからかわれるような感じで、「北原さん、あなたはMMKでしょう」と言われたのである。その時、私は、イニシャルがMMの女性と交際していた。K

はキタハラのKかケッコンのKかで、これはてっきりバレているなと思いどきっとした。後で、「持てて持てて困る」のKY語だと知って、うまいことを言うなあと感心したものである。昭和36年（1961）のことだった。しかし、ずっと後になって知ったことだが、「MMK」は戦前、旧日本海軍で使われていたものだった。「FFK（＝振られて振られて帰る)」というのもあったという。

KY語は、遊びとして楽しんでいるうちはいいが、日本語の中に深く浸透しすぎると、いろいろ問題が出てくるだろう。若者の過度な使い方には心配なところもある。しかし、批判するにしても、まずKY語の何たるかを知らなければならない。中には、なるほどと頷《うなず》いたり、感心したりするものもあり、使ってみたくなるものもあるかもしれない。ともかくKY語の実例に当たってみていただきたい。

解説、使用例の提示には、使用場面が彷彿《ほうふつ》するように努めたので、読み物としても楽しんでいただけると思う。

2008年１月

『明鏡国語辞典』編者

北原保雄

本書は、下記キャンペーンへ寄せられた作品および、インターネット上での使用実例にもとづき、原義を損なわない範囲で「もっと明鏡」委員会が編集したものです。

キャンペーン名称
「第2回『もっと明鏡』大賞 みんなで作ろう国語辞典！」

実施期間：2007年5月～12月（募集期間は9月末まで）
応募総数：4万4,045件
主　　催：株式会社 大修館書店
審査委員長：北原保雄（『明鏡国語辞典』編者）

＊本書では、ヘボン式、訓令式など複数のローマ字形式が混在して使われていますが、使用実態を正確に反映するために、あえて統一しておりません。（例：「絡みづらい」は、【KD】という表記もできるが、実際には、ヘボン式表記による【KZ】という表記で流通している〔31ページ参照〕。）

＊本書は辞典の記述を模した形でまとめてありますが、語釈・用例・用法等は、いわゆる辞典としての規範を示すものではありません。本書の内容に基づいた事実誤認およびそこから発生する損害については、その責を負いかねます。

目次

まえがき …… iii

第１章　KY式日本語を理解するために …… 1

第２章　KY式日本語 主要単語集 …… 15

【KY】空気読めない／【AM】後でまたね／【ATM】アホな父ちゃんもういらへん／【CB】超微妙／【DD】誰でも大好き／【DK】大事なところでかむ／【FK】ファンデ濃い／【GMM】偶然街で会った元カレ／【HD】ヒマだから電話する／【HT】話ついて行けない／【IT】アイス食べたい／【IW】意味わかんない／【JK】女子高生／【KD】高校デビュー／【KZ】絡みづらい／【3M】マジでもう無理／【MHZ】まさかの匍匐前進／【MK5】マジキレる５秒前／【MM】マジムカつく／【MMK】モテてモテて困っちゃう／【ND】人間としてどうよ／【ODD】お前、大学どうする／【NW】ノリ悪い／【PK】パンツ食い込む／【PSI】パンツにシャツイン／【QBK】急にボールが来たので／【TD】テンションダウン／【TK】とんだ勘違い／【WH】話題変更

第３章　込み入ったオトナの話はKY式で乗り切る
実検！ KY語 現場編 …… 47

オフィス編／人事編／接待編／喫煙所編／社員食堂編／給湯室編／女子トイレ編／社内恋愛編／飲み屋編／終電編／ゴルフ編／カラオケ編／ドライブ編／食事編／デパート編／夜の接客業編

第４章　KY式日本語 基本単語帳 …… 81

［コラム］KY語 声に出して読む名句･名言①〜⑨
…… 87, 91, 96, 97, 103, 109, 115, 120, 127

索引 …… 128

第1章

ＫＹ式日本語を理解するために

＊

ＫＹ式日本語の持つ機能とは？ その発生に潜む背景とは？ 日本人の言語感覚との関連は？ 『明鏡国語辞典』編者・北原保雄の詳細な分析から、単なる流行り言葉として捉えられがちだったＫＹ式日本語の意外な実像が浮かび上がる。

Ⅰ）「KY式日本語」（「KY語」）とは

「KY式日本語」、略して「KY語」は、まえがきにも書いたように、日本語をローマ字表記にしたときに、①文節（句）、②語、③語を構成する部分、などの最初に来るローマ字で表した略語のことである。①は「ATM（＝あんた・タバコ・持っとん）」「BIU（＝僕の・言うことに・ウソはない）」のようなもの、②は「DTN（＝だるい・つらい・ねむい）」「KME（＝かっこいい・モテる・エロい）のようなもの、③は「FM（＝ふたまた）」「AKB（＝アキバ）」「DSI（＝ださい）」のようなものである。どの語に代表になってもらってもいいのだが、昨年、「KY内閣」という言葉がマスコミに頻繁に登場し、最も通りが良いようなので、こういう言葉を「KY式日本語」、略して「KY語」と呼ぶこととする。

周知のように、英語には、「BS（＝broadcast satelliteの略）放送衛星」「CM（＝commercial messageの略）コマーシャル」「IT（＝information technologyの略）情報技術」「PTSD（＝post traumatic stress disorderの略）心的外傷後ストレス障害」などの略語がたくさんあって、日本語の中でも使われているが、これらは英語の単語の頭文字から出来ている略語なので、日本語の語句の頭文字から造られるKY語とは区別する。ただ、「GHQ（＝going home quicklyの略）帰宅部。部活に所属している人間が嫌みを込めて呼ぶ語」、「FMG（＝father money get）父から金をもらうこと」などは英語の略語だが、日本の若者が造ったものであり、後者などは英語になっていないので、広義のKY語に入れてもよいだろう。

KY語は最近若い人たちの間で大流行しているが、決して新しいものではない。「NHK（＝日本放送協会）」「SKD（＝松竹歌劇団）」「KK（＝株式会社）」などは、昔から使われているものだが、れっきとしたKY語である。「MMK」についてはまえがきに述べた。ちなみに、現在では、「NHK」は「日本ひきこもり協会」「日本貧乳協会」「年中ヒョウ柄キャミソール」などのKY語でもある。

KY語は略語としていろいろ便利なところがある。アルファベットだけの配列に変えられるとまさに記号的になる。新鮮、スマートに感じられるものもある。だから、企業名などによく採用される。言葉遊びとしても面白い。巧みに韻を踏んだ傑作や、日常の何げない断片を鮮やかに切り取った逸品などがあって、それなりに楽しい。しかし、使いすぎ、遊びすぎは問題である。普段のメール交換や会話のやり取りで度を超えて使われるようになると、日本語自体を壊してしまうことになる。一部若い人たちの言葉遣いはそこまで来ている。これはゆゆしい問題である。

KY語には、功罪両面があるが、批判するにしても、肯定するにしても、まずはKY語について知らなければ議論は始められない。そこで、その実態を具体的に見る前に、KY語について概観し、使われる理由、氾濫する背景、問題点などを考えてみたい。

II）KY語の発揮する表現効果

KY語がこれだけ流行するには、それだけの理由があるはずである。その理由を、まず表現効果の面から見てみよう。

1. 遠回しに表現できる

相手に伝えてやりたいが、言葉に出しては言いにくいというときがある。たとえば、鼻毛が伸びている人に「鼻毛が出ていますよ」と教えてやりたいとする。そんなときに、軽く「HD（＝鼻毛出てる)」で伝えられるとすれば便利である。相手は周囲の人に気づかれて恥ずかしい思いをせずに済むし、話し手の方も言いにくく失礼なことを、ぼかして遠回しに伝えることができる。「HD」というアルファベット2文字に置き換えられることによって、「鼻毛が出ている」という内容が、とてもキレイな言いやすい言葉で表現できる。これこそが、KY語の一番の表現効果である。

言葉は音声と意味が結び付いたものである。たとえば、「ハナ」という音声と「哺《ほ》乳動物の顔面の中央にある盛り上がった部分」という意味が結び付いたものが「鼻」という単語である。「ハナ」という音声と「一定の期間、植物の茎や枝の先に形成され、つぼみの状態から開いて実を結ぶもの」という意味とが結び付けば、「花」という別の単語になる。ちなみに「鼻」とか「花」とかはそれぞれ単語を書き表した文字であって、言葉ではない。言葉を表す記号である。漢字は、音声と意味の両方つまり語（言葉）を表す文字（記号）であるから「表語文字」と呼ばれるのである。

さて、そういう関係の一方の音声を変えてしまうのがKY語である。ただ、KY語の場合、「鼻」の音声をたとえば「ノーズ」に変えるというのではなく、ローマ字表記の略語に変える結果、表記「H」と音声「エイチ」に変わるのである。文字（表記）が変わるのが先で、それに従って音声が変わるところが他の略語の出来方とは異なる。ともかく、これはまったく別語ができるということである。しかも、この別語は、略語であるが故に、ゆっくり考えれば、あるいは教えてもらえば、もとの言葉に戻ることができる。こういう別語を使うことによって、もとの言葉では直接、露骨になるところをぼかし、ごまかし、隠すことができる。改めて、「空気読めない」と「KY」を比べてみていただきたい。

2．周囲から際立たせる

自分は、あるいは自分たちは、他の人とは違うのだ、という自意識、優越感のようなものを持ちたがる人がいる。若い人には特にそういう傾向が強いのではないか。そういった自意識を満足させるためにもKY語は効果を発揮する。他の世代や社会の人には理解できない隠語としてKY語を使うことで、自分たちの集団の持つ特殊性を周囲から際立たせることができるからだ。「女子高生」が自分たちのことを好んで「JK」と呼ぶのも、自分たちは特別なのだという優越的な自意識が働いているからだと考えられる。テレビ業界で使われる「ギョウカイ用語」なども同じ種類の隠語と言えるだろう。

3．仲間意識を高める

KY語は仲間の間でしか通用しない隠語であるから、仲間意識を高める効果がある。時代劇の忍者が合い言葉として使う「山」「川」のように、自分たちの仲間の中でしか通じない言葉を共有することで、仲間意識は格段に高まる。「IT（＝アイス食べたい)」のような日常的な言葉ほど、こういった効果を確認しやすい。仲間意識の矛先が周囲との関係に向かうのが前項の「際立たせる」だが、これはそれと逆方向の内側に向かう表現効果だと言えよう。

4．言葉遊びが楽しめる

これは表現効果そのものというよりも、その効果によって楽しむことができるということである。KY語は音声と意味とのつながりを切り離して別の語を造るものだが、「MHZ（＝まさかの匍匐《ほふく》前進）」「PK（＝パンツ食い込む）」のように、その意味と音声との落差を楽しむのはKY語ならではの言葉遊びである。また、「ODD（＝お前、大学どうする）」のように、日常のありふれた会話を切り取ってキャッチコピー化している状況を見ると、今やKY式の省略が言葉遊びの一つの方式として一人歩きを始めているように思われる。

Ⅲ）KY語が氾濫する背景

以上、KY語が使われる理由を、それが発揮する表現効果の面から、簡単に見てきたが、ここでは、KY語が造られたり、好んで使われたりする背景、KY語が氾濫《はんらん》する理由などについて考えてみたい。

1．ローマ字で日本語を打つ時代

近年の急速なIT化は社会にいろいろ大きな変化

をもたらしたが、日本語にも甚大な影響を及ぼしている。私は今、この原稿をパソコンのワープロソフトで打っているが、もちろんローマ字入力である。パソコンのメールやインターネット上の書き込みもまたしかりだ。つまり、いつの間にか私たち日本人は日本語をローマ字で「書く」ことに慣らされているのだ。もちろん仮名入力も可能だが、多くの人、特に若い人はローマ字入力だろう。気付いてみるとこれは驚くべき事実である。こういう素地があって、語句の最初の文字をローマ字で「書く」ことが普通のことになっている。KY語の登場はなかば必然だったとすら思われてくる。

2．略語氾濫の時代

日本語は本来省略しやすい言語であるし、日本人はもともと言葉を省略することが好きである。しかし、昨今の略語の氾濫はいささか度を越している。「メールアドレス」は「メルアド」、「ファミリー・レストラン」は「ファミレス」だ。カタカナ略語の主流は4文字だが、最近の若者は「メルアド」ではなく「メアド」と言う。「ケンタッキー・フライドチキン」は「フラチキ」から、今は3文字の「ケンタ」が主流だ。「ミスド（＝ミスター・ドーナツ）」「ラブホ（＝ラブホテル）」「日サロ（＝日焼けサロン）」「ポテチ（＝ポテトチップス）」「フラポ（＝フライドポテト)」などもすべて３文字である。４文字でも長すぎるらしい。「デニーズ」などは十分に短いのに２文字の「デニ」にする（以上、藤井青銅著『略語天国』小学館に詳しい)。４文字が３文字に略され、２文字、１文字と略されていけば、行き着くところはKY語だ。KY語登場の背景には略語の氾濫ということもあったのである。

３．携帯電話のメールやインターネット

携帯電話のメールには通信料がかかる。そして、多くの文字を使えば、それだけ料金が高くなる。それだけではない。略語を使えばたくさんの文字を打たなくてすむ。また、携帯の場合、狭いディスプレィに少ない文字で用を足すことができる。安い料金で済み、しかも打ち込むのが楽、その上、仲間意識を高めることもできる。当事者たちにとっては一石何鳥もの利点があって、KY語が使われるようになったのだろう。

携帯電話のメールやインターネットについて注意しておかなければならない重要なことがある。それは、その普及が「書き言葉」の「話し言葉」化を促進したということである。「書き言葉」は、たとえば手紙の文面のようなものだが、もらった手紙の文言に不明なところがあっても、その場で質問するわけにはいかない。つまり、「書き言葉」はそれ自体で過不足なく述べつくす必要のある言葉なのだ。これに対して、「話し言葉」は、相手がその場にいるのだから、語尾が曖昧だったり、話し方が不完全、不正確であっても、前後の文脈や身振り、顔つきその他、その場の空気などで補足されて、言いたいことが通じてしまう言葉である。

最近の若い人たちの携帯メールやチャットにおけるやりとりでは、「話し言葉」そのままを書いて送る習慣がついているようである。その結果、不完全な「書き言葉」にも慣れてしまっている。「アイス食べたい」も「アイス食べに行く」も、さらには「アイス食べたい？」もすべて「IT」と書いてしまうKY語はまさに「話し言葉」化した「書き言葉」だと言えよう。

4．さまざまな分野の人と話す機会の減少

最近は核家族の家庭が多くなって、祖父母と一緒に暮らす子供が少なくなっている。両親がいても、仕事があって、子供とゆっくり話をする時間がとれない。兄弟姉妹も少ない。ということで、家族の中で会話を交わす相手や機会が少なくなっている。地域の力も弱くなった。今や、地域のさまざまの人や学校の先輩、後輩と言葉を交わす機会はほとんどなくなっている。子供の付き合う相手は、学校の同級生や部活の仲間、しかもその中の気の合った少数に

限られる。そういう仲間内では、そこでしか通用しない言葉で事が足りる。その仲間の間だけに通用するKY語がどんどん造られる。KY語は異なった分野の人には通じない言葉である。

このような言語生活の実態が及ぼす影響は、KY語に限らず最近の若者言葉全般についても無関係ではないだろう。

Ⅳ）KY語との付き合い方

KY語のような略語が氾濫し、幅を利かせてしまうのは、やはり問題である。Ⅲ）の3．においても、「IT（＝アイス食べたい）」を例に挙げて説明したが、KY語では文節末や文末を明確に表すことができない。「KY」にしても、どうして「空気読めない」のKY語なのか。「空気読む」や「空気読める」の方がむしろ自然である。「MMH（＝目を見て話さない）」も「目を見て話す」であってもよい。助詞も正確に表すことができない。「KY（＝今日はやめて）」は「今日もやめて」でもいいし、「WO（＝私だけ置いてけぼり）」の「だけ」は「さえ」でも「を」でもいい。「ATM（＝あんた・タバコ・持っとん）」に至っては、助詞・助動詞がいろいろ入りうる。肯定か否定か、あるいは疑問か、などは文末で決まるのだが、KY語は文節頭のローマ字だけだから表し分けることができない。助詞も語頭には来ないから表すことができない。すべて文脈で読み取るしかない。

狭い仲間内だから相手に分かってもらえるのだが、大体のところしか伝わらないのがKY語の特徴、限界である。助詞・助動詞を始め表現の細やかなところをないがしろにするKY語に無自覚に慣れてしまうと、まともな日本語が使えなくなる恐れがある。

さらに危ないのはインターネットの存在である。仲間内でしか通じない隠語は、本来なら一般に広がりようもないはずのものだが、KY語はインターネットに載せられるようになり、急速に広がってしまった。

KY語は意味がぼかされている分、言葉の暴力に対して鈍感になっていきがちで、この点も心配である。「空気の読めない内閣」と言うと、直接的な痛烈な批判になる。それを「KY内閣」と言うと、意味がぼかされ遠回しな言い方になって、表現上は柔らかくなる。だから、言いやすくなる。しかし、表現上柔らかくなっても批判は批判である。遠回しな言い方だからといって、言いにくいこと、言ってはいけないことを無遠慮に軽く言ってのけると言葉による暴力になる。遠回しな言い方は、ある場合には思いやり、気遣いの表現にもなるが、言葉の暴力にもなる。この点はくれぐれも注意しなければならない。

本章では、KY語の良い面と悪い面の両方を出来るだけ分かりやすく分析した。KY語の「功と罪」を明らかにしておこうということである。「罪」の面さえしっかりと認識しておけば、KY語はとても楽しい言葉である。批判する前にまずはその実態に触れてみていただきたい。

KY語は文脈に強く依存する言葉である。従って、本書では、分かりやすく適切な文脈を例示するように努めた。一過性のKY語を眺めながら、実際に使われる文脈を楽しんでいただきたい。（北原保雄）

第2章

KY式日本語主要単語集

＊

【KY】空気読めないに代表されるKY語のうち、特に使用頻度・認知度の高い語や、社会・文化的背景を色濃く反映した主要語29語を解説。「KY式」という形式の裏側から現代日本の諸相が見えてくる。

【KY】

けー わい

=KUUKI YOMENAI
(空気読めない)

周囲の状況やとりまく人々の思惑など、そこにある暗黙の了解をまったく意に介さないような言動や考え方をすること。また、その人。「A部長って単身の赴任なの？ B次長ったら『独身生活が羨《うらや》ましいですよ』って言ってた」「誰が見たって本人落ち込んでるのに。本当にKY」❖インターネットの掲示板では「空気嫁（空気読め）」の表記で以前から広く使われていたが、2007年、参院選で敗北した自民党の安倍改造内閣が「KY内閣」と評されたことから、ローマ字略語のかたちで全国的に広まった。

＊「KY式」の発端となった語

この種のローマ字略語（KY式日本語）が流行するきっかけとなった言葉。あるテレビ番組のアンケート（2007年10月）によると「KY（空気読めない）」の認知度は、10代＝100%、20代＝74%、30代＝58%、40代＝45%、50代＝31%で、広い年齢層に認知されている。

関連

【AKY】あえて空気読まない
【KB】空気ぶちこわし
【KYB】空気読めないバカ
【KYDJ】空気読めないどころじゃない
【KYG】空気読めなくてゴメン
【BY】場が読めない
【BKK】場の空気こわす
【SKY】最高に空気読めない/相当空気読めない
【RKY】リアルに空気読めない
【YK】読め！ 空気を
【KY2】空気読めない嫌われたヤツ
【KYKK】空気読めないことに気が付かない

＊「KY」に敏感な当世若者事情

KY関連語は他に比べて派生語が大量にあり、若年層を中心に頻繁に使われている。ドライだと評されることもある平成の若者たちだが、実際には「人は人、自分は自分」という観点よりも「場の空気」を優先させる傾向が強く、昭和世代と比較してもかなりの気遣いをもってコミュニケーションをとっている様子がうかがえる。若年層にとっては「場の空気が読めない」ことは集団の“ノリ”を損ねるものとして概《おおむ》ね歓迎されない。「KY」と表現することで、集団が個人に対して「負」のレッテルを簡便に貼れるというネガティブな側面もはらんでいる。※「NW（ノリ悪い）」（39ページ）、「TK（とんだ勘違い）」（44ページ）の項参照。

【AM】《えー えむ》

＝ATODE MATANE
（後でまたね）

携帯電話のメールで、（後で通信を再開する含みを残した）別れの挨拶。「じゃあ私、そろそろお風呂入るからAM。返不（返信不要）でね」❖ごく親しい間柄で頻繁に交わされる言葉を簡略化したもの。ことに携帯電話のメールに用いられる定型的な言葉はKY語になりやすく、これらは口頭の会話では使われないという特徴を持つ。

関連【CM】ちょっと待って、【OTT】おいといて、【DM】ドンマイ、【KG】今日はゴメンね、【HM】ほんじゃ、またね

＊携帯メールと若者

携帯メールによるやりとりは、若い世代においては極めて重要なコミュニケーション手段だ。時と場所を選ばずにできるし、通話よりも通信料金が安いこともあるが、それ以上に、（喜び）、（怒り）、（閃き）、（急いで）などの絵文字や、こうしたKY語によるコミュニケーションが、通話よりもソフトかつバラエティー豊かに感情を伝えられることが大きな理由だろう。

【ATM】

えー てぃー えむ

＝AHONA TOUCHAN MOUIRAHEN
（アホな父ちゃんもういらへん）

他愛もない言動を繰り返す父親は自分にとっては不必要である。「最近、高校生の娘が口きいてくれないんだよ」「つまんないダジャレばっかり言ってるとATMになるよ」❖タレント島田紳助が出演していたテレビCMに由来する。島田演じる父親と、母、娘の3人家族の会話で、娘がATM（現金自動預け払い機）をもじって父親に言い放った。

関連【FBI】不正行為撲滅委員会（本来は米国の連邦捜査局）、【GI】牛乳一気飲み（本来はアメリカ兵の俗称）、【JJ】上下ジャージ（本来は女性向け月刊ファッション誌の名称）

＊すでにあるローマ字略語の転用

「ATM」のようにすでに一般的に定着しているローマ字略語に、あえて違う言葉の略語をあてて造語するのは、KY語の特徴のひとつ。とりわけ「ATM」はその手のバリエーションが豊富で、「熱海（ATaMi）」「甘栗太郎前（AMAGURI TARO MAE）」など様々な使用例が見られる。ちなみに、「アホな父ちゃん～」は、KY語に関西弁が使われる珍しいケース。

【CB】

しー びー

＝CHOU BIMYOU
（超微妙）

❶物事の良し悪しや好き嫌いについて判断しづらいが、どちらかと言えば悪いこと。「こないだテレビで特集してたパン食べてみたよ」「おいしかった？」「う〜ん、CB…」❷（人や物の）センスが惜しいところでずれていて、痛々しく感じられること。「人から“女王様キャラ”とか呼ばれてるけど、本人的にはCBだろうね」「あいつ、自分では似合うと思ってあんなカッコしてるんだろうけど、傍目《はため》にはCBだよね」❖「超」は様々な場面で多用されるものの、それ自体に強意の意味はあまりなく、語調を整える程度の役割であることが多い。

関連【KB】かなり微妙、【SB】相当微妙、【AN】あれはナイでしょ

＊ぼかし・ごまかし表現の極み

良くないことを「微妙」と言い換えるのは、ぼかし・ごまかし表現の極みとも言える。他者を傷つけたくないし、他者に傷つけられたくもないから、物事をはっきりと否定しない、という現代若者気質が感じられる語だ。これは周囲を気遣う優しさや配慮とは別次元の感覚。

【DD】《でぃー でぃー》

＝DAREDEMO DAISUKI（誰でも大好き）

アイドルグループの熱烈なファン（マニア、オタク）が示す愛情の一形態。特定のアイドルを支持するのではなく、グループ全体を平等に愛するというスタンス。また、そのスタンスをとる人。「全推《ぜんお》し」ともいう。「俺、ハロプロには基本DDだよ」※ハロプロ＝ハロープロジェクトの略称。モーニング娘。を輩出する芸能事務所所属で、つんく♂が総合プロデュースする女性タレントの総称。 ❖特に支持するアイドルがいない場合の言い逃れとして使われることも多い。「お前の一番はっきりさせろよ」「まぁDDっすよ」

関連 【JO】ジャニーズオタク、【AO】アニメオタク（アニヲタ）

＊ オタク文化の一端

「誰でも大好き」というフレーズはごく一般的な表現だが、「DD」と表記・発音する際は、アイドルへの、それも女性に限定した用法になる。アイドルグループ全体への「萌え」と、その中の特定のアイドルに入れ込んでしまう感情との間で葛藤《かっとう》する、微妙なオタク心が生んだ表現。

【DK】《でぃー けー》

＝DAIJINATOKORODE KAMU
（大事なところでかむ）

重要な場面で台詞をスムースに言えないこと。「昨日、憧れの先輩にコクられた（告白された）んだけどDKでさ…この人緊張してるんだなあと思ってキュンとなった」❖良し悪しに関係せず使われることもあるが、本番に弱いタイプの人に対して、軽く揶《や》揄《ゆ》するニュアンスを込めて使われることも多い。
「あの人あがり症だからDKやらかすんじゃない？」
「期待しちゃ悪いよ」
関連【CS】超寒い、【NB】ネタバレ、【DB】ドン引き

＊お笑い用語の浸透

「かむ」は「歯と歯でものを挟む」という一般的な意味の他に、放送業界や演劇の世界で「口が回らずセリフをとちる」意で古くから使われていた。ここ数年のお笑いブームのなか、芸人を中心に「ギャグをとちる」意がバラエティー番組内で普及し、一般にも定着した。「かみかみ女王」のように複合語の構成要素として使われることもある。関連に挙げたように、近年ではお笑い用語から生まれて広く使われ出す言葉が多数見られる。

【FK】

えふ けー

＝Fande Koi
（ファンデ濃い）

ファンデーションを厚塗りしている。また、その結果、ムラになっているさま。「今日は久々のデートだから化粧盛っちゃった」「浮かれすぎ。完璧にFKだし」❖化粧がうまくできていないことをいう。念入りにメークしすぎた結果FKになる場合だけでなく、慌ててメークしたために部分的にFKになることもある。

＊化粧の低年齢化

さるWebサイトが実施した女子高生の化粧に関する調査によると、女子高生の８割が「化粧をよくする・時々する」。また使用する化粧品については、ファンデーションが６割以上、マスカラが９割以上で、アイメークへの関心の高さをうかがわせる。ファンデーションについては「日焼け系」「ガングロ」など一部のメークを除いて薄目に用いるのが一般的。女子高生の過半数は高校生になってから化粧を始めているということだが、彼女らの化粧は日常化しているようだ。「JK」の項（29ページ）で述べる「女子高生」というブランド意識には、化粧もその構成要素となっていると言える。

【GMM】
じー えむ えむ

＝GUUZEN MACHIDEATTA MOTOKARE
（偶然街で会った元カレ）

予期せず出くわした、以前付き合っていた男性。「今カレと微妙だったんだけど、気づいたらGMMと元サヤ（元の鞘《さや》に収まる）になってた」❖「焼けぼっくいに火がつく」シチュエーションの典型例。現在交際する相手と順調に進んでいる場合は単に「MK（元カレ）と会った」となるが、「GM」が付くと俄然運命的な意味を含み、出会いの後の進展を暗示するフレーズとなる。

関連 【LIB】ラブな相手はいつもブサイク、【BBC】ブスとブスのカップル、【SIL】好きな子といつもラブラブ

＊よくある恋愛の光景をKY語に

少女マンガにありがちなベタな設定をKY語にした例。ちなみに高校生間の流行り言葉にはマンガ由来のものが多く、「キュン死に」（一瞬にして恋におちること）、「ソック」（ショックの最上級）などの言葉を生み出した『ラブ★コン』（中原アヤ著）が代表的な例。また恋愛を題材とした高校生投稿のKY語には、関連表現で挙げたように悪口の意味を持つものが多い。

【HD】

えいち でぃー

＝Himadakara Denwasuru（ヒマだから電話する）

することがないときに無目的に電話をかけること。「こんな夜中にどうかした？」「ごめん。ただのHD」❖意中の異性に告白するため電話をかけたものの切り出せず、当たり障《さわ》りのない話を続けることが「HD」と受けとられる痛ましいケースもある。「最近元カレからしょっちゅう電話がかかってくるんだけど、HDって感じでウザい」

関連【UD】ウザデン（ウザい電話）、【SD】スカデン（内容がスカスカの電話）

＊大きく変わった電話文化

電話がプライベートと密着した個人の所有物となった現在、若い世代にとって携帯電話は、「コミュニケーションツール」というより、もはや「器官の一部」だ。また、電話にまつわる若者語はKY語以外にも多く、「闇電《やみでん》」（夜中にコソコソ電話をかけること）、「鬼電《おにでん》」（特定の相手に電話をかけまくること）、「コムる」（月額固定料金プランが人気のWILLCOMのPHSで通話する）などがある。

【HT】
えいち てぃー

＝HANASHI TSUITEIKENAI
（話ついて行けない）

❶（理解するための知識や素養が足りないために）会話の内容が理解できない。「進学クラスの子たちと話しても、正直HTで、つまんない」❖軽く自嘲《じちょう》の気持ちを込めて使う。❷（話題に興味が持てないなどの理由で）会話に付き合う気持ちが起きない。「いくらなんでも話、盛りすぎ（大げさに作りすぎ）でしょ。もうHT」❖話し相手を敬遠したり蔑《さげす》む気持ちを込めて使う。「ヤバい」（「すごく良い」「すごく悪い」の２通りの意味がある）などと同様、前後の文脈によってニュアンスが異なる。

関連【AI】足痛い、【IW】意味わかんない、【MM】マジめんどくさい

＊すぐに諦める気質

全般に「露骨さ」や「しつこさ」を嫌うのが当世の若者気質である。露骨さは「ベタ」、「しつこさ」は「ウザ」とされ一般的に敬遠される。コミュニケーションについても同様で、無理せず適当なところで打ち切りたくなったときに使われるのがこの「HT」だ。すぐに諦《あきら》める気質が垣間見える語。

【IT】《あい てぃー》

＝“I”su Tabetai
（アイス食べたい）

アイスクリームが食べたい。「めちゃ寒いけどIT！」❖女子中学生や女子高生の間で広く使われる。また、「みんなでIT（アイス食べよう）」のように誘いかけの意味で使われることもある。KY語では文末が細かく表現できないので、前後の文脈により希望、誘いなどの意味を持つことがあるが、これはその典型的な例。

関連【OD】お肉大好き、【KI】カラオケ行きたい

＊ 女子高生の生態

アイスクリームは女子中高生にとっては癒《い》やしアイテムとも言える特別な食べ物のようで、食品がらみの表現の中でも特に使用が目立つ。また、KY語の表記の原則からすれば、「AT（Aisu Tabetai）」となるところだが、Ice Creamの“I”を優先させた珍しい例。類似例として「IC（Irankoto C/いらんことしぃ＝余計なことをする人の意）」のようにアルファベットの音を生かすものもまれにある。

【IW】
あい　だぶりゅー

＝IMI WAKANNAI
（意味わかんない）

❶（相手の言うことが）不可解で理解できない。「ほんとあの子って天然だからIWだよね」❷（知識や素養が不足しているため）話題の内容が理解できない。「教育実習の先生、いろいろ教えてくれるんだけど大体IW」❖理解できない内容や理解するために努力を要する事柄について、あっさりと否定・拒絶の意を表す表現。❸（不条理な相手に対して）意図や趣旨が理解できない。「この宿題の量とかって、マジIW」❖実際に意味がわからないわけではなく、不満の意を表明するような場面で捨てゼリフ的に使われる。

関連【IF】意味不明、【IP】意味プ（意味不明）、【HT】話ついて行けない

＊理解できないものへの否定・拒絶

わからないものを理解するためには、普通、「わからない自分」から「わかる自分」へ変わる能動的なアクションが必要である。それを「意味わかんない」とあっさり放棄してしまうどころか、理解できない原因を他者に押しつけてしまうのが現在の風潮。KY語で表現することで、その投げやりな語感はさらに強められている。

【JK】

じぇい けー

＝JOSHI KOUSEI
（女子高生）

❶女子高校生。「うちらJKの間で流行のアイテム」❖男子が使う場合は、単に女子高生を言うだけでなく、やや好奇のニュアンスを帯びる。「あのJK、超可愛くね？」❷（社会的身分としての）女子高生。「昼間は何やってるの？」「別に。うちら普通にJKだけど」

関連 【JC】女子中学生、【JD】女子大生、【DC】男子中学生、【DK】男子高生

※現段階では【JS】女子小学生、という語はまだ見られない。

✻ 女子高生というブランド

「JK」は身分を表す語のなかで突出して使用頻度が高い。その理由としては、①女子高生がKY語を使用する頻度が高いこと②女子高生が、３年間という期間限定の身分であり、女子高生に相応しい様々な文化やアイテムを持っているなど、自らの属性について特別な優越感や愛着を持っていること、そして③殊更にそれを強調したいと思う気持ちがはたらくこと、などが考えられる。

【KD】

けー でぃー

＝KOUKOU DEBYU

（高校デビュー）

中学時代にはおとなしく地味だとされていた人が、高校に入学した後で派手に振る舞い始めること。また、その人。「あの子ノリノリだけど、じつはKD。中学の時はバリおとなしかった」❖周りに当人を知る人がいないことが前提。過去を知る人からは、本来のキャラクターからかけ離れ、過去を払拭《ふっしょく》しようと努力しているように映るために、違和感を持たれることが多い。変容ぶりが際だっている場合は不評を買うことが多く、デビュー前の過去を知る人を殊更に避けざるを得なくなる。

関連 【SD】社会人デビュー、【KD】かつらデビュー、【MD】メガネデビュー

＊古くからある表現のKY化

「高校デビュー」は30年以上前から使われている言葉。公立校では小学校と中学校ではほぼ同じ顔ぶれで過ごすので過去の人間関係を引きずりやすい。しかし、高校に入ると学区が広がり顔ぶれが大きく変わるので、新しいキャラクターとして「デビュー」しやすい。「デビュー」はこのように「新しいキャラクターとして登場する」という意味のほか、「メガネデビュー」のように「新しいものに挑戦する」というニュアンスでも広く使われる。

【KZ】
けー ぜっと

＝KARAMI ZURAI
(絡みづらい)

❶（ブログなどに書き込まれた）内容が取っつきにくく、感想やコメントを残しづらい。「あの子って普段はいいけどホムペ（ホームページ）的にはなぜかKZだよね」❖mixi（出会い・交流・情報交換などを目的としたWeb上のネットワークサービスのひとつ）などのプロフィール欄に、「もしよかったら絡んでください」といったコメントが多く見受けられる。❷話しかけづらい。「平成生まれの新入社員って、さすがに共通の話題もないしKZだよね」
関連【KD】絡むのダルい、【KN】絡みにくい、【HKZ】ほんま絡みづらい、【KDDI】絡むのダルいだから嫌

✻ 以前からある語の意味の変化

従来「不良に絡まれる」「酔った上司に絡まれる」のようにネガティブなニュアンス、もしくは「まといつく」といった意で用いられてきた「絡む」が、「相手をする」くらいの意味で使われている。これはテレビや舞台で芸能人が使い出したことで広く定着したものと考えられる。ネットや携帯電話で他者とつながりを持つことを非常に重要視する最近の若者にとって、「絡む」は重要なキーワードとなっている。

【3M《すりー えむ》】

＝MAJIDE MOU MURI
(マジでもう無理)

❶（職務や課題が困難で）どう頑張っても達成できないこと。「この暑いのに10キロ走れったって、そんなの3M」❷面倒くさいこと。「昼飯の後はシエスタ。いきなり仕事しろったって3Mだよ」「欧米かっ！」　※シエスタ＝昼寝。スペインなどラテン系の国の風習。　❖辛抱するという経験の少ない最近の若者がさほど困難でもない場合にもよく使う。「あ～ダルい、3M」のように「ダルい」とセットで使われることも多い。

関連【3H】変態・ハゲ・腹出てる、【3K】きもい・汚い・臭い、【3T】定期テスト対策

✻ 3つの要素を重ねる

「3K職場」（きつい、汚い、危険）や「御三家」「三大○○」のように、典型的な例を3つ揃えてひとつのまとまりとする傾向はKY語においてもよく見られ、畳みかけることによる語調の良さ、強調の効果などが認められる。なかには頭文字を揃えるためにこじつけ気味に作られたものもある。

【MHZ】
えむ えいち ぜっと

＝MASAKANO HOFUKU ZENSHIN
(まさかの匍匐前進)

意外さを狙ったナンセンスなボケのフレーズ。「お前、明日のイベントどうやって行く?」「MHZ!」❖交通手段を問われた際の返答から生まれたとする説があるが、真偽のほどは不明。【MH】と表記することもある。

✻ナンセンスな言葉遊び

「匍匐《ほふく》前進」は地面に這《は》いつくばり、腕や足全体を使って前に進む方法。使用する場面があまり想定できないにもかかわらずネットなどでの登場頻度が高く、代表的なKY語のひとつ。意外性や匍匐前進そのもののインパクトが受けているのだろう。このように、語のナンセンス感覚自体を楽しむのもKY語の特徴のひとつだが、その多くは使用者の広がりを見せずに消えてしまう。ここまで広く認知されている語は非常に珍しい。なお「匍匐前進」という言葉を抵抗なく使うのは、若年層の戦争への忌避《きひ》感が薄いからだと見るのは当を得ていないだろう。

【MK5】《えむ けー ふぁいぶ》

＝Maji Kireru 5byoumae
（マジキレる５秒前）

（不愉快な出来事や我慢ならない状況に対して）怒りが一気にふくれあがっていくこと。「お前んとこの課長、かなり粘着質だよね」「１日３回はMK5だね、実際」❖怒りが頂点にまで達する間際の緊張感と、「５秒前」という妙な厳密さとのギャップが面白い。実際には「軽く頭にきた」「少しいらだっている」程度の意味で広く用いられている。

関連 【MK5】マジ帰りたい５秒前、【MB5】マジぶっとばす５秒前、【MT5】マジ吐血する５秒前 ※吐血＝「萌え」値がある限界以上に達したことを表す、アニメやゲームの世界でのオタク用語。

＊「M□５」の言葉遊び

タレント広末涼子のファースト・シングルのタイトル「MajiでKoiする５秒前」（1997年）を省略した「MK5」を別の語にあてて生まれた語。「M□５（マジ～５秒前）」の形でまとめられるKY語はいくつものバリエーションがあり、言葉遊びとして広まっている。

【MM】《えむ えむ》

＝MAJI MUKATSUKU
（マジムカつく）

腹立たしい。「もー、どいつもこいつもホント超MM」❖若者言葉に多く見られる強意表現のひとつが「マジ」。上の用例のように「ホント」「超」「マジ」などを重ねる使用例は多く見られるが、それらは、強意の程度を増すためというよりも、むしろ語調を整えるために使われていると考えられる。ほかにも「激《げき》」「鬼」「バリ」など、若者の間では強意を表す新しい接頭語が次々と生まれているが、そのいずれも同じ特徴を持っている。

関連 【MM】マジマッハ（急いでいるさま）、【MU】マジうざい

＊ 接頭語としての“マジ”

「マジに」は「真面目に」の略で、1980年代初頭から若者を中心に広く普及した。初めのうちは「お前のことをマジで抱きたい」「マジで勉強したのに赤点」のように本来の意味を強く残し、「マジに」「マジで」という形容動詞としての使い方が多かった。それが「マジギレ」（本気でキレること）のようにもとの意味を残したままで接頭語化し、さらに「ゲキマジムカつく」のように語調を整えるような使われ方に変容したものと見られる。

【MMK】

えむ えむ けー

＝Motete Motete Komacchau

（モテてモテて困っちゃう）

恋愛感情の伴う異性からのアプローチが同時に複数発生し、対処に苦慮すること。「何でか理由は分からないけど、バツイチになってからMMKなんだよね」「人間誰でも、そういう時期が3回あるらしいよ」❖旧日本海軍の隠語。多くの場合、実際困るというよりは軽く自慢するようなニュアンスで用いられたと思われる。

関連 【BC】ただ（「ABC」のBCは「イロハ」のロハ、つまり只）、【KA】かみさん、【FFK】フラれてフラれて帰る　※いずれも旧日本海軍の隠語。

＊旧日本海軍の隠語

現在使われているKY語の中で、確認できるところでは最も古い時期から使われているもののひとつ。大日本帝国陸軍がドイツの軍制を規範としたのに対し、海軍はイギリスのそれを導入した。そのためもあってか、海軍では英語由来の隠語が多く使われた。そのなかには関連として挙げたもののほか、「S（淋病、Rとも）」「after（後家さん）」「エヌる（のろける）」のように、男女関係にまつわるものも多い。

【ND】

えぬ でぃー

＝NINGENTOSHITE DOUYO（人間としてどうよ）

ある人の言動や考え方が、人間性という観点から問題があるのではないか、という問いかけ。「バスなんて、小銭がなくって…とか言えば大抵タダで乗れるぜ」「いい年してそういうのってND？」❖常識外れな行為や事柄に対するツッコミ、驚きの表現としても使われる。「ここ３日間で食ったのカップラーメンだけ」「それってND？」

関連【US】生まれてスミマセン、【MHS】マジで本当に死んでしまいたい

✻ 大げさな表現

大げさな表現をKY語にして軽い感覚で使った例で、ブログや掲示板などで定着しつつある表現。特定個人の言動について以外にも、「人の気持ちを踏みにじって平気なのはND」「人の死を喜ぶなどというのはND」のように、倫理観や一般通念に反するような行為全般についても使われる。すでに各メディアで常套《じょうとう》句となっている「いかがなものか」と意味も用法も類似するが、「ND」の方がより強い。なお「週刊文春」2007年11月８日号のワイド特集として「ND＝人間としてどうよ」が組まれたこともある。

【ODD】

おー でぃー でぃー

＝OMAE DAIGAKU DOUSURU
（お前、大学どうする）

大学を受験するか、あるいは志望校の選択をどうするか、という問いかけ。「大学は一応行っとこうと思うけど、浪人はしないつもり。で、ODD？」❖大学受験生にとって大学や学部の選択は重要な関心事であり、友人の動向も当然気になるところである。身近なトピックに関するありきたりな会話をKY語で表現したもの。

関連 【GK】我慢が肝心、【NT】眠いの通り越してる

＊ 言葉遊びとしてのKY語

隠語の特性のひとつは、内容を外部の者に知られにくくすることだ。大学受験の話についても、失敗する可能性があり、自分の志望校を広くオープンにするのは回避したいところ。その観点からも符丁のかたちをとりやすい。このようにひとつの文をまるごとKY語にする例はいくつかあるが、この例は他のKY語のように強い感情や主張、インパクトのあるフレーズをKY語にしたものでないのが特徴。通常の会話の一部を置き換えただけの言葉遊び的なもので、若者の会話の楽しみ方のひとつだと言える。

【NW】

えぬ だぶりゅー

＝NORI WARUI
(ノリ悪い)

❶その場の流れに沿った行動がとれない。また、あえてとらない。そういう様子・態度・性格についていう。「カラオケ絶対歌わない。あいつNW」❷特に団体行動の誘いかけに応じない。「みんなで海行こうぜ、イェーイ！」「おれ、いいわ」「んだよ、NWだな、お前」❖①は「KY（空気読めない）」に意味の近い用法。②は「ノリ」＝「付き合い」と置き換えるとわかりやすい。

関連 【KB】空気ぶちこわし、【JY】状況読めない

＊KY語的感覚と集団主義

「KY」に代表されるように、現代の若者は集団から逸脱することを忌避《きひ》する傾向がとても強い。近年、学校で集団によるいじめが問題となっているが、個性重視とされる一方で、実際には集団主義が強まっているように思われる。この風潮と、「KY」「NW」的感覚とは無縁ではないだろう。高倉健の映画「昭和残侠伝・一匹狼」（1966年）に象徴されるように、「一匹狼」の存在が格好良いものとされた時代からは、隔世の感がある。

【PK】

ぴー　けー

＝PANTSU KUIKOMU
(パンツ食い込む)

（ことに下着の）パンツが尻に食い込む。「体育座り長くしてるとPKしがちだよね」「あんた地味に（密かに）PKしてない？」❖パンツの形状からか女性に多く見られる状態のようで、使用例も女子中学生のものが圧倒的に多い。❖食い込みの程度に応じて「KPK（かなりパンツ食い込む)」「DPK（だいぶパンツ食い込む)」「PJK（パンツ若干食い込む)」などの例があり、パンツに象徴される「下ネタ」への中学生世代の関心の高さがうかがえる。

関連【PM】パンツ見えてる、【PH】パンツはみ出る、【PKO】パンツ食い込んだお尻

＊下半身の話題

口にするのが憚《はばか》られるような言葉もさらりと使えるKY語の利点が生かされた典型的な例。昭和40年代以降に子供の人気を集めたザ・ドリフターズのギャグは下半身を直接ネタにしたものが多く、親の世代からは批判的に受け取られたものだが、同じ事柄を表現するにも、KY語ならスマート。いわゆるベタな表現を避ける現在の若い世代が、ライトな表現方法のひとつとしてKY語を選んでいるとも捉えられる。

【PSI】

ぴー えす あい

＝PANTSUNI SHATSU IN
（パンツにシャツイン）

シャツの裾をパンツ（ズボン）のなかに入れて着ること。「ストーンウォッシュのダボダボジーンズ、これにPSIで完璧」❖野暮ったい着方の代表とされる。ことにジーンズやチノパンなどのカジュアルな服装ほど、「PSI」だとダサいとされる。

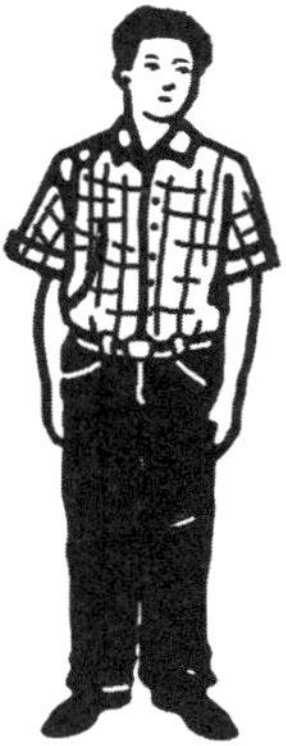

＊ダサいファッション

高校生の一部で使われている表現、「イカ東」（いかにも東大生）も、この着方が特徴とされている。昭和40年代、ジーンズにTシャツの若者は幅広のベルトをきっちり締めてシャツインしていた。ゴルフ場でパンツにポロシャツの年配男性は必ずと言っていいほどシャツインしているように、年配層はシャツの裾を外に出すことをみっともないと考えがちだ。しかし、「PSI」の受け取り方は世代や時代の違いによって正反対の評価となる。なお、現在でもシャツの裾を出すことを禁じる校則を設ける学校があるようで、男子学生たちは危険を冒しながらもシャツインの原則に抵抗している。

【QBK《きゅー びー けー》】

＝“Q”NI BOORUGA KITANODE
（急にボールが来たので）

（自分の役割が果たせなかったとき）自らの職責をわきまえない（また、職責に矛盾した）言い訳をすること。「正直、血を見たら頭の中、真っ白で…」「それでも医者かよっ！ お前、QBKだろっ!!」❖サッカー2006年ドイツW杯、日本対クロアチア戦で決定的なチャンスを外したフォワードの選手の試合後のコメントに由来。予期せぬ展開から得点してこそ日本代表の選手であり、言い訳にもならないと多くの人が感じたことからフレーズとして広まった。

＊ ネット社会特有のからかい・批判

当時、インターネットの掲示板はこの発言をした選手への批判で膨《ふく》れあがり、なかには誹謗《ひぼう》中傷、揶揄《やゆ》とも言える書き込みが多くなされた。不特定多数が書き込むことのできる掲示板は、書き手が匿名《とくめい》であるものも多く、内容が無責任になることもあって、言葉の暴力に発展する場合がある。コメントの削除を求めても、スムースに応じてもらえないケースもあり、ネット社会の怖さがうかがえる。

【TD《てぃー でぃー》】

＝Tenshon Daun
（テンション ダウン）

維持していた気持ちの張りや高揚感が、何かのきっかけで低下すること。やる気が失せること。また、その状態。「アゲアゲ⤴⤴でやってたのに、ああ言われちゃいきなりTD」❖とてもよく使われるKY語だが、それほど深刻に落ち込んだ状態をいうのではない。最近の若者は昔の若者と比べて感情の起伏が激しいから、こういう語が使われるのだ、と捉えるのは正しくない。

✻ 絵文字の効果

携帯電話の絵文字に⤴⤵があり、メールで頻繁に使われる。１文字で感情の起伏を表すことができ、重ねて使えばその度合いも表現できる。現代の若者はこうした絵文字を駆使することで、自分の感情を簡便に表している。絵文字は携帯電話キャリア各社がそれぞれに固有のものを持つので、キャリアが異なる端末では同じ絵文字が使えない状態が続いたが、2005年から2006年にかけて各社がキャリア間メールの絵文字を変換するサービスを開始したので、絵文字によるコミュニケーションが急速に普及し定着した。

【TK】
てぃー けー

＝TONDA KANCHIGAI
（とんだ勘違い）

❶物事に対する認識が実態とかなり異なること。「明日は土曜だから、今夜はゆっくり寝よう」「まだ木曜。TKだ！」❷（①よりも強く）周囲の認識とのギャップが甚《はなは》だしいこと。「毎日みんなにパン買ってきてくれって言われるんだけど、おれって頼られてるんだなぁ」「そりゃTKだ。パシられてる（使いっ走りさせられている）だけだよ」

関連 【KK】過剰な勘違い、【IK】イタい勘違い、【KH】勘違い激しすぎ、【SK】素敵な勘違い

＊KY語の本領は明るいツッコミ

“勘違い”系のKY語は様々なバリエーションで広く使われており、なかでも「TK（とんだ勘違い）」「SK（素敵な勘違い）」は若者にとってはやや古風な語感もあり、KY語・通常語を問わずよく見られる表現。自分の認識や行為に対する評価として用いることもあるが、他者へのツッコミ、評価として用いることが多い。「純然たる思い違い」へのツッコミであるうちは良いが、「TK野郎だな」のように意見や立場の食い違いを一方的に「勘違い」と切り捨てることにもつながりかねず、「KY」での指摘（16ページ）同様に、今後どのような使われ方・広まり方をするのか注意が必要。

【WH】

だぶりゅー えいち

＝Wadai Henkou（話題変更）

これまでの会話や通信の内容から、別の話題に転じること。「WH、あの先輩、超カッコよくない？」
❖自然な話題変更だけではなく、これまでの話題を終了させたいという意図が絡むことも多い。
関連【HK】話変わるけど、【HM】話戻るけど

＊メールでの若者の配慮

面倒な話題を機械的に打ち切るときにしばしば使われる表現で、メールで多用される。本来、会話や通信は相手の意向を無視しては成り立たない。例えば好ましくない話のやりとりが続く場合、相手に嫌な思いをさせずに話題を変えようと考える。そのときに特に説明もいらず、軽い感覚で使えるのが記号的な「WH」である。「HT（話ついて行けない）」（26ページ）の項でもふれたが、ベタなこと、しつこいことを互いに回避したがる若者世代のひとつの知恵である。ちなみに若者の間では、複数の話題を盛り込んだ「幕の内メール」はやりとりが繁雑になることから敬遠され、１通のメールにつきひとつのテーマのやりとりが好まれる。その理由からも円滑かつドラスティックに話題が変えられるこのKY語は重要度が高い。

第3章

込み入ったオトナの話は
KY式で乗り切る

実検！ KY語現場編

＊

仲間内での会話や、ネットの掲示板上などで無限に増殖を続けるＫＹ式日本語。その中から、いかにもありがちなシチュエーションを的確に切り取った“オトナ”のＫＹ語を紹介する。ＫＹ語の実態を知るためのシーン別実例集16。

込み入ったオトナの話はKY式で乗り切る

実検！KY ～オフィス編～

【NS】《えぬ えす》
能力より性格

～新入社員を迎えて～

「それにしても今年の新人どうよ？」
「うちの採用方針はNSだから期待薄だね」
「おれらもそうだったし」

【ON】《おー えぬ》
おぼえづらい名前

～久しぶりのお得意先で～

「この前名刺もらった部長ってさ…」
「万城目《まきめ》さんのこと？」
「そうそう、インパクトはあるけどONだよね」

【RU/UR】《あーる ゆー/ゆー あーる》
利益より売上／売上より利益

～毎月の見込み数字～

「ったくよー、吉田課長、矛盾してね？」
「RU/URって、一体どっちなんだよ」

まだある！ 使えるKY

【GMY《じーえむわい》】 義理チョコまだ喜ぶか

～面倒なのになぜか続く風習～

「やめたくてもやめられないよね」
「GMYがいる限り」

【KH《けーえいち》】 キータッチ早い

～高まるコンピュータ・リテラシーの重要度～

「杉原君、悪いけどこの資料急いで作って」
「…あの子、確かにKHだけど、仕上がり誤字だらけなの部長知ってるのかな？」

【MS《えむえす》】 密談は慎重に

～非常階段の踊り場にて～

「今度の人事、村山専務は口が災いしたな」
「そうそう、偉くなってもMSは基本だね」

【OS《おーえす》】 温度設定

～真夏の会議室～

「次の会議は膝掛け用意しとかなきゃ」
「そっか、OS注意の島田主任がいるのか」
「こっちは冷え性だっつーの」

【TM《てぃーえむ》】 定年待ち

～職場の人物評価～

「大体、もう仕事する気ねーんだろ！」
「佐藤さんはすでにTMモードだから」

込み入ったオトナの話はKY式で乗り切る

実検！KY ～人事編～

【DT】《でぃー てぃー》
同期トップ

～平和なのは入社5年目まで？～

「おれらの代のDTって誰なんだろう？」
「自分だと思っている奴が３人はいるはず」
「お前も入れてだろ」

【KS】《けー えす》
熊本は好きか

～その遠回し加減は何ですか？～

「ところで大森君、キミはKS？」
「部長、転勤ならハッキリ言ってください」
「いや、ただ聞いただけ。ニヤリ」

【URM】《ゆー あーる えむ》
うちのラインの負け

～下々が知るのはいつも最後～

「何でこんな人事に…」
「うちの常務の解任が原因だろ」
「要はURMってことか」

まだある！ 使えるKY

【GE《じーいー》】外勤営業

〜男の尺度では測れません〜

「女性のGE転出はまれだってさ。さすが！」

「ていうか、制服なくなるから洋服代が大変…」

【HH《えいち えいち》】秘書室に配属

〜その響きはやっぱり特別〜

「今でも信じられないけど、何と私がHH」

「気の毒でもあり妬《ねた》ましくもあり」

【3MK《すりー えむ けー》】3年で戻って来い

〜言い渡す方もつらいはず〜

「部長が言ってたよ。3MKって」

「戻してやる、じゃないところがミソだな」

【SI《えす あい》】先行くぜ

〜ウサギとカメはおとぎ話か〜

「同期のエースがお前にSIだとよ」

「改めて言われるとシラけるよな」

【TT《てぃー てぃー》】玉突き

〜すべてのカラクリはここにある〜

「今回の異動も、どうせいつものTTだろ」

「ったく、おれはかませ犬じゃねえぞ！」

込み入ったオトナの話はKY式で乗り切る

実検！KY ～接待編～

【HG】《えいち じー》
掘りごたつ

～世界に誇る日本の文化～

「今度の外資の接待どうしましょう？」
「和風の方が喜ぶから座敷かな」
「あ、でも正座できないからHGにしましょう」

【NA】《えぬ えー》
仲居の愛想

～ふりまき過ぎは却って迷惑～

「ったく、料理出てくるたびに説明しやがって」
「会話遮られて…。NAが裏目に出ましたね」
「でも、それも含めておれら幹事の責任だ」

【SK】《えす けー》
下ネタ禁止

～いつも効果的とは限らない～

「え～っと、あそこの課長は確かSKだったよな」
「下手に火が点くと止まらないですから…」
「２軒目要求されてもツラいしな」

まだある！ 使えるKY

【KMN《けー えむ えぬ》】 今日は難しい話抜き

～得意先に言われたら立場がない～

「のっけからKMNとか言われてさ」

「発注決める前にそれはないでしょ」

※ 難しい話抜き＝接待する側が「気を遣わず楽しんで」という意味で言う、形式的決まり文句。実際は難しいお願いごとがあるのが世の常。

【MB《えむ びー》】 無口な部長

～そんなに宴席がお嫌いですか？～

「先方が見事なまでのMBでさ」

「その上酒も飲まないんじゃキツいすね」

【MK《えむ けー》】 前株

～株の字が書けない店員もタマにいます～

「経理がうるさいから領収書はMK忘れずにな」

「で、２枚に割って、１枚は日付抜きですよね」

※会社名の前に「株式会社」が付くのが「前株」。ちなみに高額の領収書を２枚に分割して精算するのはサラリーマンの常套《じょうとう》手段。

【OM《おー えむ》】 お礼のメール

～何事も最後のツメが肝要です～

「朝イチで昨日の御礼。徹底しとけよ」

「はい、OMを出すまでが接待ですね」

【TJ《てぃー じぇい》】 詰め替え準備

～宴席終盤の慌ただしいひと時～

「そろそろお開きだから手土産頼むぞ」

「すでにTJ完了。いつでも行けますよ」

込み入ったオトナの話はKY式で乗り切る

実検！KY ～喫煙所編～

【KKY《けー けー わい》】

急に会話が止む

～密談中に闖《ちん》入した場合～

「おっ。お疲れ」
「………」「………」
「何だよおれが来たらKKYかよっ」

【KN《けー えぬ》】

缶コーヒーを飲む

～言われてみれば、確かに見ない～

「喫煙所で自販機の飲み物とは、潤いがないねぇ」
「ところで、KNする女の人って見たことある？」
「そういえばないかも。太るからかなぁ」

【MT《えむ てぃー》】

もらいタバコ

～断るに断れないその一本～

「佐藤さんのMTって結構バカになんないよね」
「１日最低でも５回」
「もはやMTというよりたかりだね」

まだある！ 使えるKY

【FH《えふ えいち》】フィルターに火
～こんなところに疲れが出てます～
「なんかイヤな臭いが…」
「うわっ！　FHしてた!!」
「最近多いっすよ、課長」

【IM《あい えむ》】意外な銘柄
～定番は細いメンソール～
「この前さ、キャメル吸ってる女の人見たよ」
「マジっ、それはIM。ラーク並に見かけない」

【SD《えす でぃー》】吸いだめ
～実際にはありえないようですが～
「席はずすのもなんだからさ、めっきりSD」
「本数減った気がしないよな」

【SM《えす えむ》】シケモク
～情けないとは思いつつ～
「まだラス１あると思ってたのに…」
「大丈夫、さっきのSMまだそこに残ってるよ」

【US《ゆー えす》】後ろ姿
～なぜか美人に見える？～
「女って窓向いて喫《す》ってる人多いじゃん」
「そうそう、あのけだるいUSがいいよね」

込み入ったオトナの話はKY式で乗り切る

実検！KY ～社員食堂編～

【AM】《えー えむ》
相席は無理

～誰と食べるかが味の決め手～

「昨日、社食で山田君と並んじゃってさ」
「最悪、彼のAMレベル相当高いからね」
「大好きな唐揚げ定食が台無し…」

【OTK】《おー てぃー けー》
音立てて食うな

～不快指数かなり高し～

「ピッチャピッチャ、クッチャクッチャ」
「てめえ、OTK！！」
「えっ、僕ですか。クッチャクッチャ…」

【YH】《わい えいち》
指入ってる

～むしろ隠し味、なわけないでしょ～

「はいよっ、ラーメンお待ち」
「あのー、かなりYHですけど…」
「道理で熱いと思ったよ」

まだある！ 使えるKY

【GK《じーけー》】業者変えろ

～実は結構、企業努力をしてるらしい～

「この前A社の社食でごちそうになったんだけど」
「豪華でしょ。うちもいい加減GKしてほしい」

【HH《えいちえいち》】箸が下手

～意外な人がこうだったりする～

「秘書室の小島さん、美人だし優秀だよな」
「でも、じつはHHで魚が上手く食えないらしい」

【KY《けーわい》】急な呼び出し

～仕方ないといえば仕方ないけど～

「もしもし。はい、わかりました。今すぐ行きます」
「またKY？ ラーメン伸びちゃうよ」

【PTA《ぴーてぃーえー》】パンとアイスコーヒー

～慌ただしい日の定番メニュー～

「さあて、そろそろお昼行きますか」
「ちょっと忙しいから社食のPTAで済ませるわ」

【SMS《えすえむえす》】終了間際の社員食堂

～ゆったりとした空気が流れる～

「14:00前の社食っていいよね」
「おれもSMSは好き。周りも気にしなくていいし」

込み入ったオトナの話はKY式で乗り切る

実検！KY ～給湯室編～

【HR】《えいち あーる》
ひとりランチ

～自立した女性は美しい～

「彼女って、いつもHRじゃない？」
「人生をひとりで生きていく練習だったりして」
「ある意味立派だよね」

【SM】《えす えむ》
車内メーク

～乗車マナーは守りましょう～

「ギャルのSM、同性としてほんと不愉快」
「でもあの盛《も》りテクはぜひ盗みたいよね」
「盗むんかい！」

【UFO】《ゆー えふ おー》
ウルトラ不潔オヤジ

～そんなに嫌わないでください～

「今朝さ、UFO接近で満員電車ずっとエビ反り」
「腹筋割れるよね」
「そこまでは反ってないから」

この言い方は、間違い？

「気が置けない人といると疲れる」

？

まだある！ 使えるKY

【GB《じーびー》】グチばっかり

～食べる前にすでにお腹いっぱい～

「そっちの課長っていつもランチご馳走してくれるんだって？」
「うん。でも、毎回GBでもう飽きたかも」

【IR《あいあーる》】行くならランチまで

～その境界線は何が決め手なのか～

「島田さんに飲み誘われちゃった～」
「島田さんと飲みか～、あたしゃIR」

【OM《おーえむ》】おはようメール

～ささやかな楽しみを覗かないで～

「おっさんの携帯チラ見したら、ハートだらけのOMだった」
「超ウケル。DoCoMoの新サービス？」

【OS《おーえす》】お見合い写真

～確実性重視ならオススメです～

「田舎の両親からOS送られてきちゃったんだけど」
「見せて！ ゲッ、七三なでつけ系…」

【SZ《えすぜっと》】収穫ゼロ

～多分、向こうもそう言っている～

「ねえねえ、昨日の合コンどーだった？」
「最悪。オタクばっかりでSZ。お金損した」

込み入ったオトナの話はKY式で乗り切る

実検！KY ～女子トイレ編～

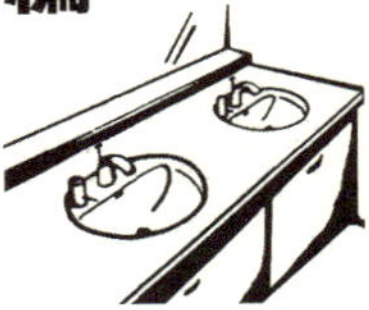

【MG】《えむ じー》
ムダ毛

～まさに勝負カミソリ～

「いつもばっちりだけどMGどうしてんの？」
「意外に5枚刃」
「…どこで売ってんの、それ」

【NPK】《えぬ ぴー けー》
ナプキン貸して

～じつは貸し借りしてるんです～

「どしたの？」
「急に来ちゃった、悪いけどNPK！」
「はいはい。今行くよ」

【SK】《えす けー》
生理休暇

～確かに権利といえば権利ですが～

「昨日はSK適用でお休みしちゃった」
「月曜ばっかじゃん。そろそろヤバくない？」
「大丈夫。ダメって言われたことないよ」

まだある！ 使えるKY

【BK《びーけー》】便秘解消

～あの晴れやかな気分は何だろう～

「今日は朝から爽快《そうかい》だなあ」

「先週から持ち越しのBK、おめでとう」

【GBST《じーびーえすてぃー》】ごぶさた

～人間、慣れというのは怖ろしいモノで～

「もう彼氏イナイ歴、ずいぶん長くない？」

「ふん。余裕で、GBST最長記録達成よ」

【KK《けーけー》】香水くさい

～つけてる人の印象に左右されがち～

「M子先輩、いつもKKで頭痛くなるー」

「でも、あのニオイが好きって若手もいるらしい…」

【NB《えぬびー》】なんちゃってブランド

～コピー商品は犯罪ですから～

「秘書課の彼女は一見お嬢だけど実はNB系」

「いいのよ、勝負は第一印象なんだから」

※ なんちゃってブランド＝偽ブランド商品の俗称。

【NC《えぬしー》】ニセ乳

～女の見栄の張りどころ～

「勝負日？ やけに強調してるじゃん」

「まあね、言っとくけどNCだから」

込み入ったオトナの話はKY式で乗り切る

実検！KY ～社内恋愛編～

【MH】《えむ えいち》

味方をひとり

～全員に隠すのは絶対無理だから～

「100%隠そうとするからバレるんだよ」
「なるほど、まずはMHってことね」
「でも、人を選ばないと裏目にでるから要注意」

【RD】《あーる でぃー》

落差が醍醐味

～人の数だけ、恋の形もあるようです～

「先輩、社内恋愛ってそんなにいいっすか？」
「社内と社外でツンとデレ。何たってRDだよ」
「ひょっとして、先輩も社外ではデレなんすか…」

【SO】《えす おー》

掃除のおばちゃん

～じつはノーマークの危険キャラ～

「最近、私たちのことバレてる気がする…」
「そういえばSOが怪しいかも」
「家政婦は見た、って感じよね」

まだある！ 使えるKY

【AK《えーけー》】後が気まずい

～社内恋愛も計画的に～

「やっぱ社内だと色々便利なんだよね～」
「うん、でも別れちゃうとAKだから慎重にね」

【BI《びーあい》】バレたら異動

～意外と現実的な会社の判断～

「部内で付き合ってるのバレたらBIかなぁ」
「当然。しかも出されるのは多分、お前…」

【JS《じぇいえす》】時間差出勤

～ムダな抵抗はやめましょう～

「同棲がこれだけ公になっているのに」
「あのJSは何の意味があるんだろう」

【KSH《けーえすえいち》】勘の鋭い派遣社員

～基本的には能力高いですから～

「あいつらの関係、最初に気づいたのって誰？」
「社内でいちばんKSHの異名をとる高木さんだよ」

【YS《わいえす》】役員室

～穴場は意外なところにある～

「ドラマだと、社内恋愛は会議室が舞台になるよね」
「実際には穴場はYSだよ。ハイリスクだけど」

込み入ったオトナの話はKY式で乗り切る

実検！KY ～飲み屋編～

【JA】《じぇい えー》

人生の味

～飲んでるときはそんな気がする～

「人間って、なんで酒飲むんだろう」

「渋くてほろ苦くてドライ。ジンライムこそJA」

「生意気言ってんじゃないよ」

【NK】《えぬ けー》

ぬる燗《かん》

～大人の階段上ったような気がします～

「むさいけどまだ30前でしょ、あの人」

「既に、酒はNKって風格が…」

「おっさん臭いってことね」

【SOM】《えす おー えむ》

酒が教えてくれたモノ

～大体がロクなものではないはず～

「みんなにとって、SOMは何？」

「嘘と涙と溜息と」

「暴言と失くし物と記憶喪失」

まだある！ 使えるKY

【HB《えいち びー》】 箸袋

～なくて七癖とはよく言ったもの～

「あのコ、HBで箸置き作ってるよ」
「変なところが几帳面。性格出てるね」

【NJ《えぬ じぇい》】 飲ませ上手

～相手をきちんと見極めて～

「あいつのつくる水割りは、濃くてすぐ酔っちまう」
「男同士でNJって、なんか気持ち悪い…」

【SI《えす あい》】 最後の一杯

～そいつが仇《あだ》となりがち～

「悪酔いしちまってオエップ」
「課長、いつもSIが余計なんすよ」

【SS《えす えす》】 背中が寒い

～何のかんので飲みたいだけ～

「寒空の下、熱燗《あつかん》でおでんは堪《たま》らんね」
「しかも屋台のSS感で、さらに酒がすすむよ」

【TN《てぃー えぬ》】 とりあえず生

～出だしはいつものお約束～

「まずはTN。みなさんよろしいかな」
「僕、巨峰カルピスサワーでお願いします…」

込み入ったオトナの話はKY式で乗り切る

実検！KY ～終電編～

【IC】《あい しー》

いちゃつく中年

～恋の終点はいずこ～

「出たっ、IC発見!!　すごいね～」

「いやぁ、あれはかなり酔ってるでしょう」

「ある意味、若者よりスゴイかも」

【TO】《てぃー おー》

とりあえず降りよう

～背に腹は代えられない～

「うぇ～、気持ち悪い」

「マジで？　車内はヤバイからTOしよう」

「ゴメン、タクシー代は払うよ」

【ZZ】《ぜっと ぜっと》

ズラずれてる

～企業戦士の休息のひと時～

「あそこのおじさん、ちょっと見てみ」

「いくら疲れているとはいえZZはまずいだろ」

「でも寝顔がとても安らかだ…」

まだある！ 使えるKY

【BMW《びーえむだぶりゅー》】バカまる出しの若者

～無邪気だったあの頃が懐かしい～

「しっかし、あそこの学生の一団うるさいなあ」
「ああ、でもおれもBMWに戻りたい…」

【HO《えいちおー》】ひょっとして男

～気づいてはいけないこともある～

「あのミニスカ、妙にでかいけどHO?」
「今から出勤でしょ。アゴ青いし」

【JK《じぇいけー》】自動改札

～罪を憎んで、人を憎まず～

「おい、急げ急げ乗り遅れるぞ！」
「つうか、JKでおばさん詰まってんですけど」

【NJ《えぬじぇい》】中吊り熟読

～必要な情報はすべてここから～

「この時間にNJしてるおじさんって何か切ない」
「しかも週刊誌の下世話な記事だぞ…」

【SS《えすえす》】スポーツ新聞

～よく見れば昨日の紙面～

「ラッキー座れたぜ！」
「しかも網棚にはSSもありますよ、先輩！」

込み入ったオトナの話はKY式で乗り切る

実検！KY ～ゴルフ編～

【AN】《えー えぬ》
アドレス長い

～下手の考え、休むに似たり～

「ほんと彼はANだよね」
「後ろつかえてるっつーのに」
「あのメンタルの強さが上達の秘訣かも」

【MP】《えむ ぴー》
前のパーティー

～プレー前にきちんと確認しましょう～

「ファー！」
「ヤバイ、さっき見たけど、MPはヤクザだよ」

【OT】《おー てぃー》
教えたがり

～あんまり下手だと時々キレる～

「吉田さんとラウンドする時は気をつけてね」
「ひょっとしてOT系？」
「しかも、その割にフォームが政治家風だし」

まだある！ 使えるKY

【AZ《えーぜっと》】 甘酒

～なぜかゴルフ場に来ると飲んでしまう～

「キャディさん、少ないけどこれでAZでも飲んでよ」
「ありがとうございます」

【FB《えふびー》】 風呂上がりのビール

～むしろ、こっちが目的という説も～

「ぷは～、FBはやっぱり最高だね」
「でも、僕は運転手なので飲めません」

【SB《えすびー》】 素振り

～そこまでしてスコアにこだわるか～

「スカッ！ 今のはSBだから、マジで…」
「はいはい。気の済むまでどうぞ」

【SSK《えすえすけー》】 捜索開始

～ここが若手社員の腕の見せ所～

「常務のボールがまた林に…」
「みんな集合！ SSK！」

【TH《てぃーえいち》】 テンガロンハット

～まずは形から真似てみよう～

「片山晋呉が活躍し始めてからTH増えたなぁ」
「かなり素敵な勘違いだよね」

※ テンガロンハット＝カウボーイハットの一種。10ガロンの水が汲めるほど大きいことに由来する。

込み入ったオトナの話はKY式で乗り切る

実検！KY ～カラオケ編～

【JG】《じぇい じー》
ジジ殺し

～偉い人ほど死屍《しし》累々《るいるい》～

「よっ、待ってましたテレサ・テン！」
「何度聞いても必殺のJGソングだ」
「もはや宴席で彼女のミッションと化している」

【MB】《えむ びー》
マイクがベトベト

～若者のカラオケには勢いがあります～

「彼の歌は聞いてて気持ちいいんだけど」
「ツバ飛びすぎでMBなのがね…」
「どっちのマイクかおぼえとけ」

【TA】《てぃー えー》
つなぎのアニソン

～とりあえずは何とかなるでしょ～

「やべっ、何も曲入ってないですよ」
「新人、とりあえずTA入れとけ」
※ アニソン＝アニメソングの略。

まだある！ 使えるKY

【ET《いー てぃー》】 演奏停止

～ボンヤリしている暇はありません～

「はい今日は展開早くいくよー」
「最初のサビ終わったら即ETで」

【HN《えいち えぬ》】 半端なナツメロ

～若手社員の必修科目です～

「上の人とカラオケいくと疲れるよね」
「HNとか歌わなきゃいけないしね」

【MO5《えむ おー ふぁいぶ》】 マジでお時間5分前

～終電間際の緊張感～

「お客様そろそろお時間ですが…」
「了解。みんなMO5だから撤収早めに！」

【OS《おー えす》】 同じ世代

～カラオケほど世代が隔絶するものはなし～

「こんな歌選ぶの我々だけだよ」
「OSですから。今日は課長と最後まで行きますよ」

【RS《あーる えす》】 恋愛しばり

～翌日振り返ると、ちょっぴり照れます～

「それじゃあ、今日のカラオケはRSにするか」
「なにげに年齢バレますよね」

※ 恋愛しばり＝カラオケの選曲を恋愛にまつわる歌に限定すること。

込み入ったオトナの話はKY式で乗り切る

実検！KY ～ドライブ編～

【BR5】《びー あーる ふぁいぶ》

ブレーキランプ5回

～最近、ベタなほど胸に染みます～

「BR5…ベタだよな。アホかって感じ」

「すまん。この前、デート帰りにやっちまった」

※ ブレーキを「あ・い・し・て・る」の５回踏んでブレーキランプを点灯し、その意を伝えるという、ドリームズ・カム・トゥルーの歌の歌詞から。

【DK】《でぃー けー》

土足禁止

～外国人は家でも靴はいてるぞ～

「ヤツの車乗りたくない。神経質でDKの勢い」

「タバコ喫《す》ったら殺されそうだな」

「意外と家は汚いくせに」

【MM】《えむ えむ》

マニュアルは無理

～だって、渋滞つらいんだもん～

「お前の免許って、オートマ限定？」

「そうじゃないすけど、MMっすね」

「坂道のたびに緊張するもんな」

【BK《びーけー》】バカなカーナビ

～さっきは右って言っただろ～

「高かった割には結構BKなんだよな」

「使いこなせてないだけでは…」

【KF《けーえふ》】国道沿いのファミレス

～我慢しろトイレはもうすぐ目の前だ～

「腹ペコ限界。店まかすけどKFだけは勘弁」

「四の五の言うならドライブスルー」

【NY《えぬわい》】燃費優先

～狭いニッポンそんなに急いでどこへ行く～

「生真面目に法定速度守ってるね」

「NYってことで。1300CCで飛ばすと効率悪いから」

【SB《えすびー》】車庫入れはバトンタッチ

～苦手な人は、多分生まれつき～

「ときどき見かけるSB。微笑ましいね」

「おれ、いつも彼女に代わってもらってる」

【SB《えすびー》】首都高バトル

～環状線をそんなに何度も回っても～

「週末のSBはアツいぜ」

「ゲームでか？ それともまさかリアルに？」

込み入ったオトナの話はKY式で乗り切る

実検！KY ～食事編～

【AB《えー びー》】甘いモノは別腹

～物理的にはありえないけど～

「しっかし、今日はよく食ったな」
「まだまだABだから大丈夫！」
「おれの財布がもう限界超えそうだ…」

【GM《じー えむ》】牛丼のほうがマシ

～庶民の味は強し！～

「昨日の焼肉屋さ、どうだった？」
「それが、ひでー店でさぁ、あれならGM」
「わかるわかる。そういう時あるよね」

【ON《おー えぬ》】お酒抜き

～たまには料理の味も楽しんで～

「ま、とりえずビールでも飲むか」
「ダメよ、今日は大事な話があるからONで」
「ギクッ。むしろ飲まなきゃいられないかも…」

まだある！ 使えるKY

【AA《えー えー》】 甘酢あんかけ

～甘いの？ それとも酸っぱいの？～

「適当に頼むけど苦手なものある？」
「大丈夫。あ、でも強いていうとAAが苦手」

【KK《けー けー》】 カツ丼付き かけ蕎麦

～膨満感に満たされたい～

「うー腹へった。いまなら私、KK行けそう」
「胃下垂なんだからお腹出ちゃうよ」

【NG《えぬ じー》】 肉がっつり

～若いうちしかできません～

「今日は心ゆくまでNGでいくよ」
「食べ放題だから、どーぞお好きに」

【TS《てぃー えす》】 豚骨醤油

～ラーメンの最近のトレンドは～

「ラーメンはなんたってTS」
「そうそう、汁まで飲み干すぜ」

【YTD《わい てぃー でぃー》】 野菜も食べなきゃ駄目

～子供の頃から言われてる…～

「カノがさ、いつもおれに言うんだよ、YTDって」
「はいはい」

込み入ったオトナの話はKY式で乗り切る

実検！KY ～デパート編～

【DC】《でぃー しー》
デパ地下

～華やいだ街のアンダーグラウンド～

「おっ、今夜も銀座に繰り出すの？」
「もちろん。今夜もがっつりDCディナー」
「あんたのアフター５ってつくづく寂しい…」

【MTD】《えむ てぃー でぃー》
見てるだけ

～おひとりさま的にはほっといて～

「お客様、他のおサイズもございます」
「MTDなので放置してください」
「わかってて言ってますから」

【XG】《えっくす じー》
クリスマス限定

～雰囲気に飲まれると大変～

「12月のデパートって、ほんとXGだらけ」
「迂闊《うかつ》に彼女について行くと危ないよ」
「XGでいいから彼女欲しい…」

まだある！ 使えるKY

【BS《びー えす》】ブランドショップ

～大人になっても落ち着かない～

「デパートとはいえ、やっぱBSは入りづらいな」
「庶民は平場がいちばん落ち着くよね～」

【FP《えふ ぴー》】ふくらはぎパンパン

～しまらないファスナーをめぐる攻防～

「お客様、今年もブーツが流行ですよ」
「いいです、どうせ私FPですから」

【NTT《えぬ てぃー てぃー》】荷物担当

～ベンチでたたずむ同類項～

「私、ちょっと見てくるから待ってて」
「どうせおれはNTTだからベンチで憩ってるよ」

【OO《おー おー》】お水のおねだり

～なぜかは知らねど、ひと目でわかる～

「あそこのカップル、あれどう見ても同伴だな」
「OO間違いなし。クリスマスには多いよね」

※ お水＝水商売で働く女性の俗称。

【PN《ぴー えぬ》】パンダの乗り物

～見上げる空は昔のまま～

「やっぱりデパートの屋上はいいなぁ」
「ていうか30過ぎてPN乗らないでくれる…」

込み入ったオトナの話はKY式で乗り切る

実検！KY ～夜の接客業編～

【HB】《えいち びー》

ハウスボトル

～どうせ違いなんてわかりませんから～

「先輩、僕こういう店初めてなんですけど」

「そうか、HB以外は絶対頼むなよ」

「ていうか、お酒飲めないんです…」

※ ハウスボトル＝セット料金内で飲める無料ボトルのこと。店に常備してあるウィスキー・ブランデー・焼酎などで、銘柄は指定できない。

【NH】《えぬ えいち》

なるべく早く

～女々しいとは思うけど、つい～

「あらスミマセン、他の席に呼ばれちゃった…」

「えー、マジでー、じゃあNHで戻ってきてね」

【JS】《じぇい えす》

場内指名

～誰にも縛られたくないと逃げ込んだ暗闇～

「お客様、本日ご指名のほうはどうなさいます？」

「う～ん、今日はフリーで、後からJS」

まだある！ 使えるKY

【DHA】《でぃー えいち えー》 同伴あり

～ネオンの中の不釣り合いな２人～

「こんばんは～、聖子で～す」

「いきなりで何だけど、キミってDHAの人？」

【HK】《えいち けー》 はっきり断る

～こんなところで見栄を張っても～

「ね～、フルーツとかいらない？」

「いらない。悪いけどおれHKな主義だから」

【JE】《じぇい いー》 自動延長

～人間を不幸せにするシステム～

「どうも、いらっしゃいませお客様」

「ねえ店長、この店ってJEじゃないよね？」

【OK】《おー けー》 おさわり禁止

～そういうお店ではありません～

「お客様困ります。当店はそのような店ではございません」

「OKなのはわかってます。スミマセン…」

【TS】《てぃー えす》 つめしぼ

～耳の裏まで拭《ふ》きたくなる～

「は～いお疲れさまでした」

「サンキュ。TSのおかげで目が覚めた」

※ つめしぼ＝冷たいおしぼり

第4章

ＫＹ式日本語基本単語帳

＊

ナンセンス系、日常語系、メッセージ系など、幅広いジャンルから厳選した216語の用例集。古典やことわざ・故事成句といった伝統的な表現を素材にした「声に出して読む名句・名言」とあわせて、ＫＹ語の世界を隅々まで俯瞰する。

【AAW】《えーえーだぶりゅー》 **アル中まであとわずか**

「うちの課長、飲むとなれば毎回泥酔パターン。もはやAAWとしか思えない」「水割り薄く作ってやるのが人の道だな」

【AI】《えーあい》 **足痛い**

「いい年して持久走とかやらせないでほしいよね〜」「うんうん、高校生にもなって。AIだし、超ダルいって感じ」

【AKB】《えーけーびー》 **アキバ（秋葉原）**

「おっ、もう御茶ノ水」「次は聖地*AKBですな」＊1990年代後半より、アニメ・ゲームマニア（オタク）が集まる街として知られる。

【AO】《えーおー》 **アニメオタク**

「お前んとこの姉貴、相当可愛いね?」「でもああ見えて、じつはかなりのAOだよ。血液型はB型だけど」

【AO】《えーおー》 **秋葉原のオタク**

「AOは男が多いね」「女性のアニオタ（アニメオタク）は今は*池袋だから」＊女性対象グッズのショップは池袋東口側に多く出店している。

【ATM】《えーてぃーえむ》 **あんたタバコ持っとん?**

「*11時過ぎたから自販機じゃ買えないぞ」「もう諦めた。ところでATM?」＊深夜時間帯（23〜5時）は自販機販売の自主規制が施行されている。

【AY】
えーわい

あわよくば

「聞いたけど、あんたの彼氏って社長の息子らしいじゃん。ホント?」「AYなら社長夫人よ。あくまでAYならね」

【BBC】
びーびーしー

***馬場チョップ**

「やっぱ、BBCは効くよな〜」「ゆっくりだけど、なぜかよけられない…」*プロレスラーのジャイアント馬場(1938-1999)の得意技。

【BBC】
びーびーしー

***ビリーズ・ブート・キャンプ**

「何か今日元気ないじゃん」「BBCやり過ぎて全身筋肉痛なんだよ」*ビリー・ブランクスが考案したエクササイズ。日本では2006年よりブームに。

【BI】
びーあい

部活行く

「めっちゃ暑いな〜。サッカー部は炎天下の地獄だぜ…ところでお前もBI?」「卓球部って窓開けられないから室内でもまた地獄」

【BIU】
びーあいゆー

僕の言うことにウソはない

「あいつさ、私の前では自信満々。いつもBIUって感じだよ」「女からは総スカンだけど、男受けは悪くないんだよね。不思議」

【BJ】
びーじぇい

***バリ重要**

「お前よ〜、大体よ〜、営業じゃ第一印象はBJなんだよ」「お言葉ですが先輩、説得力ないっすよ…」*「とても」の意。若者がよく使う。

【BK】
びーけー

バリカワイイ

「うわっ、この写真、チヤコんとこの赤ちゃん…お洋服BKだね～」「あんたね…褒めるんだったら赤ちゃん褒めなさいよ」

【BK】
びーけー

バリカッコイイ

「この前の合コン、ヒロくん幹事だったときの。向こうの友達が全員BKでさ」「げっ！　予想外。断るんじゃなかった～」

【BNA】
びーえぬえー

勉強なのか遊びなのか

「こらっ、あんたまたゲームばっかりやって」「違うよ、*脳トレだよ！ って微妙にBNAか」

*脳の働きを活性化させるゲームソフトの一種。

【BP】
びーぴー

膀胱《ぼうこう》ピンチ

「ドライブデート、どうだった？」「帰り道、インター降りてから渋滞ひどくてさ。BPパンパンで。でも言えなくて困っちゃった」

【BPB】
びーぴーびー

ブラとパンツが別々

「その日に限って油断しててBPBでさ～」「想定外の勝負日だったってわけね。そういうことってあるよね」

【BT】
びーてぃー

ボケとツッコミ

「うちの部長と課長は仕事は今イチだけど、BTとしては最高だな」「おれら宴会部か！　そんな職場でいいのかとふと疑問」

【BW】 びーだぶりゅー **場をわきまえろ**

「はいはい、そこの*路上でチューしてる二人。朝の通学路なんだからBWでお願いします」
*略して「路チュー」という。

【CB】 しーびー **ちょっと*病気**

「韓流スターの追っかけで韓国まで行っちゃう自分ってCBかも…」*「疾病」ではない意味での用法は山本晋也の「ほとんどビョーキ」から。

【CBS】 しーびーえす **力不足で済まない**

「男って謝ってる回数、女よりナンボか多いよな」「CBS属性だからな。今カノなんて、自分が悪いって思ったことないと思うよ」

【CIK】 しーあいけー **ちょっと*痛い子**

「秋葉原のコスプレは世界に誇る文化だ! と言う政治家は多くのCIKに目をつぶっている」
*本人に自覚はないが、見た目が痛々しいさま。

【CK】 しーけー ***調子こいてる**

「あいつ、学生のときは地味だったのに、今じゃ六本木でブイブイでしょ」「キショー、CKしやがって」*調子に乗っているの意。

【CZ】 しーぜっと ***チャック全開**

「駆け込み乗車してきたおじさんがCZで私の前に立ってさ」「教えてあげるのも気まずいしね」*登録商標。一般的には「ファスナー」。

【DBK】だいぶ*バカップル

でぃーびーけー

「わ、見てみて。あのイチャつき半端じゃないよ」「季節の変わり目はDBKが増えて仕方ない」＊「バカ」と「カップル」を合わせた造語。

【DDK】どんなドロ沼でも覚悟してる

でぃーでぃーけー

「ユウコって今カレの親友とも付き合ってるって知ってた?」「うんうん。諭《さと》したんだけど聞き入れなくて。DDKって感じかなあ」

【DDS】だめな男子の集会場

でぃーでぃーえす

「近年の*地下アイドルの隆盛には目を見張るね」「客席はDDSにしか見えません」＊撮影会などのライブイベントを中心に活動するアイドル。

【DF】*どんまいフェイス

でぃーえふ

「確かにお前はDFだけど、性格がいいじゃないか！」「どういう意味だ、それ」＊"Don't Mind"（気にするな）より。つまり不細工の意。

【DG】土俵際

でぃーじー

「どうやら課長、次の人事で子会社に出向らしい」「そうか、あの人もついにDGまで来たか。踏みとどまるならここ２、３年だな」

【DH】男性ホルモン

でぃーえいち

「おれ、頭は薄くなってきたけど、ヒゲはさ、やたら濃いんだよ」「もみあげから下の毛はDHが司《つかさど》ってるんだってさ」

「夏草や　TMDが　夢の跡」

（＝夏草や　兵《つはもの》どもが　夢の跡）

奥州・藤原三代の栄華、義経らの功名心、それらも戦場の夢と消え、今はただ夏草が茂っているばかりだ。

――松尾芭蕉『奥の細道』より

ゴツゴツとしたアルファベットの視覚的な印象から、「兵ども」という言葉の持つ雄々しく厳めしいイメージが損なわれずに表現されている。

【DH】《でぃーえいち》 **でこ広い**

「ハゲてるとか髪薄いとかって言わないでくれるかな。おれのは単なるDHだから」「それはそれは。大変失礼しました…」

【DI】《でぃーあい》 **誰にも言わないで**

「こんな僕でもよければ付き合ってください」「ありがとう。お気持ちだけは嬉しいわ。でも恥ずかしいから他ではDIでね」

【DID】《でぃーあいでぃー》 **だってイヤだったんだもん**

「今度来る課長は結構鬼らしいよ」「じゃあ、あの子のDID路線も通用しないね。職場の雰囲気もいい方に変わるんじゃない」

【DIK】《でぃーあいけー》 **どうしても言えないこと**

「あのとき、そのひと言が言えれば全然違ってたんだろうと思う」「あんたってそういうDIK引きずって変わらない毎日過ごしてるね」

【DK】《でぃーけー》 **ダメだこりゃ**

「運転手さん、新宿まで。急ぎでお願いします」「あちゃ〜、あっちは渋滞、こっちは工事中だよ。お兄さん、今夜はDKだ」

【DM】《でぃーえむ》 **伊達メガネ**

「*メガネ男子の流行りもようやく下火になったな」「えっ、先週DM買ったばかりなのに」

*メガネが似合う男性。女性は「メガネっ娘《こ》」。

【DSI】 **ダサい**
でぃーえすあい

「おらぁ、最近上京したばかりで、周りからよくDSIって言われんだぁ」「気にするな。東京なんて所詮DSIの集まりなんだから」

【DSK】 **ダンディー・スマート・カッコイイ**
でぃーえすけー

「僕は10年後には課長のようなDSKな男を目指そうと思います」「10年後はいいから明日にでも溜まってる精算書全部出してくれ」

【DSK】 **デブ・スケベ・臭い**
でぃーえすけー

「僕は大きくなったらお父さんのようなDSKな大人にはなりたくないです」「おれも子供のときはそう思ってたよ」

【DSY】 **大親友**
でぃーえすわい

「進学しても、就職しても、うちらずっとDSYでいようね」「私のショウくんにちょっかい出したこと謝ってくれたらね」

【DTN】 **だるい・つらい・ねむい**
でぃーてぃーえぬ

「あ～、おれもう限界。DTN過ぎるよ…」「確かにな。それはそうとさ、おれたち冬山で遭難中だぜ。励まし合うのが筋だろ」

【DVD】 **デブ・*バーサス・デブ**
でぃーぶいでぃー

「大相撲は海外でも認知されてるね」「昔は単なるDVDに映ったかもな」＊対抗する二者を対置する英語“versus”（…対…、略語はvs）。

【ED】
いーでぃー

エレクトできない

「セックスレスは離婚の主要な原因のひとつらしい」「EDを責められるのもツラいな」＊正しくは“Erectile Dysfunction”（勃起不全）の略。

【EK】
いーけー

＊エロかわいい

「私、最近EKに目覚めちゃった～」「あんた、エロいだけで可愛くないって説もあるけどね…」＊一般的な略語は「エロかわ」。

【FA】
えふえー

＊ファイナルアンサー

「うちも業績厳しいから仕方ないけど、冬のボーナスはまさかあれがFAとは」＊フジテレビ系列のクイズ番組「クイズ$ミリオネア」の決まり文句から。

【FBI】
えふびーあい

不正行為撲滅《ぼくめつ》委員会

「我が社の＊コンプライアンス立て直しのため○○銀行から新役員を招聘《しょうへい》するらしい」「まさにFBI」＊Compliance（法令・規則の遵守《じゅんしゅ》）

【FD】
えふでぃー

フケ出てる

「昨日疲れてて、お風呂入ってお化粧落としてすぐ寝ちゃった。頭洗わずで」「どうりで。ちょっとだけどFDっぽいよ。気をつけな」

【FM】
えふえむ

二股《ふたまた》

「今度のカレも、またFMだったんだよ。昨日発覚して」「ううむ、いい線行ってながらこの巡りは、もしかだけど宿命かもね」

「親譲りのMTP（＝無鉄砲）で小供の時から損ばかりして居る。」

――夏目漱石『坊っちゃん』より

数学の教師として松山に赴任し、社会の不正・悪と対決する主人公の「竹を割ったような」性格がよく表れた有名な冒頭文。原語と対照した際の音の自然な重なりがフィット感を生み出している。

【FU】
えふゆー

不確かな噂

「うちの部長が辞めて独立するって聞いてて、てっきりそのつもりだったらさ」「結局FUだったわけだ。鵜呑みにした方が悪いね」

【GI】
じーあい

牛乳一気飲み

「おれたち小学生のときは、世の中シンプルでよかったよなぁ」「GI早いだけで人気者になれたもんね。今は通用しないよな」

【GK】
じーけー

学校来ない

「あいつがGKモードに入ってすでに3カ月」「この前*ゲーセンで見かけたから引きこもりではないらしい」＊「ゲームセンター」の略。

【GM】
じーえむ

ゲームマニア

「偏差値高い大学目指すより、どうせならひたすらGMの道を究めた方が世の中、成功かもと思って」「逃げでしょ、それは」

【GP】
じーぴー

下痢《ゲリ》ピー

「先生っ。ちょっとGP気味なんですけど頑張って体育の授業、出席します」「いやいや、今日はプールだから休みなさい」

【GS】
じーえす

ごますり

「いやぁ、いつ見ても教頭先生のロマンスグレーは素敵ですね…」「小学生がどこでおぼえたんだ、あんなGS」

【GSB】 じーえすびー **ご祝儀貧乏**

「近々、慶事が連続して見込まれる状況をかんがみ、GSB対策として部署で共済積立を始めます」「グッドアイデア」

【HB】 えいちびー ***ハード貧乏**

「最近、自分のHB時代を語る芸人増えたよね」「貧乏自慢を得意げにする人って、昔からいるよなあ」＊非常に貧乏である状態。

【HI】 えいちあい **腹が痛い**

「先週炊いたご飯食べたら、さすがに腹こわした」「*IHじゃなくて、HI炊飯ジャーだね。それは」＊Induction Heating（電磁誘導加熱）の略。

【HK】 えいちけー **本当に勘弁して**

「ナオキ先輩に*コクられたんだって？」「いや〜、もうそれだけはHKだから。ていうか何で知ってるの？」＊「告白される」の意。

【HK】 えいちけー **放送禁止**

「カラオケの歌って録音できるじゃん。うちの担当役員が自分の録りだめしてて、今度試聴会するっていうんだよ」「ひと言。HK」

【HU】 えいちゆー **歯が浮く**

「最近よく来る営業の若いやつ、軽くて愛想だけはいいな」「典型的なHU野郎。ああいうのが表面的には女受けするんだよ」

【HY】
えいちわい

早くやれ

「スミマセン。実家の母が倒れたり、うちの猫が病気になったりとかでいろいろとありまして…」「言い訳はいいからHY」

【II】
あいあい

イニシャルで言って

「この店、関係者がよく来るからIIってことで」「ラジャ。部長も課長もイニシャルが同じTKだけど…そうそう偉い方のTKがさ」

【IIY】
あいあいわい

一方的な言い方は止せ

「おれの稼ぎが悪いのも、帰ってくるのが遅いのも、靴下が臭いのも、全部おれの育ちが悪いからだと」「IIYって言い返してやれ!」

【IK】
あいけー

イラッとくる

「私的には、あの子のトロいところがかなりIK」「あんたの、そういう一方的な発言のほうが私的にはIKかもね」

【IKS】
あいけーえす

いい根性してる

「ということは、お前って2年も二股《ふたまた》かけられてたわけか。人は見かけによらないな」「まったくIKS。もう顔も見たくないね」

【IM】
あいえむ

いばらの道

「Y課長、あの仕事引き受けたね。苦労するってわかってるのに…」「あえてIMを選ぶって偉いね。私はすぐに逃げる口だけど」

【IN】
あいえぬ

今のはなかったことで

「ちょっと、部長が庶務のムライさん連れて銀座歩いてたって、どういうこと?」「いやいや、知らなかったんならINでお願い」

【IP】
あいぴー

いつものパターン

「うちの主任、先月の合コンで知り合った子に連絡とってたけど、うまくいかなかったみたい」「悪いけどIPだね。可哀想」

【ISO】
あいえすおー

一発ですぐにおしまい

「今年も若手芸人がたくさん出たね。名前おぼえきれないよ」「そんな必要ないんじゃない。明らかにISOな顔ぶれが多いし」

【IT】
あいてぃー

***いなかっぺ大将**

「あいつ、昔は田舎者って感じだったけど、すっかり垢《あか》抜けたな、まさにIT革命」*川崎のぼる原作のマンガのタイトルから。

【IUM】
あいゆーえむ

一生埋まらない溝

「今度定年するヤマモトさんって、30年以上も奥さんの実家に顔出してないらしい」「事情は知らないけど、IUMってやつだな」

【JH】
じぇいえいち

時間が必要

「あいつ、学生の時からの彼女と別れたんだって?」「相手に裏切られたらしい。まだ立ち直ってないね。まだまだJHってこと」

「どんぐりころころＤＢＫ（＝ドンブリコ）
お池にはまってＳＴＨ（＝さあ大変）
どじょうが出て来てＫＮＷ（＝今日は）
坊ちゃん一緒にＡＢＳ（＝遊びましょう）」

――青木存義「どんぐりころころ」より

『かわいい唱歌』（大正十年）所収。誰もが口ずさんだことのある微笑ましい歌も、ＫＹ語に変換するとこの通り。秘密の暗号めいたアルファベットが怪しい雰囲気を醸し出し、作品の印象をがらりと違うものに変えている。

「疾《はや》きことＫＧ（＝風の如く）、
徐《しずか》なることＨＧ（＝林の如く）、
侵掠《しんりゃく》することＨＧ（＝火の如く）、
動かざることＹＧ（＝山の如し）。」

――『孫子』軍争篇　より

原文は「其疾如風、其徐如林、侵掠如火、不動如山」（一部抜粋）。甲斐の戦国大名・武田家の軍旗に記された言葉で「風林火山」の形で知られ、井上靖が同名の小説にまとめている（二〇〇七年ＮＨＫ大河ドラマの原作）。
ＫＹ語に変換されることにより原文以上にリズム感が出ている。

【JJ】
じぇいじぇい

上下ジャージ

「JJで近所のコンビニにお弁当買いに行ったら、まさかのヨシイ先輩がそこにいたんだよ」「いくら近所でもJJとは無警戒すぎ」

【JK】
じぇいけー

常識的に考えて

「エルメスの新作バッグ、3万円で買ったら*フェイクだった」「値段考えなよ、JKで。*なんちゃってに決まってるでしょ」*いずれも「偽物」のこと。

【JK】
じぇいけー

冗談は顔だけにして

「お得意先のセンダ課長、ホント面白い人だよな」「話も漫才みたいだし。見た目もJKで*シナジー効果抜群」*相乗効果のこと。

【JK】
じぇいけー

自主規制

「君さ、さっきから何飲んでるの？　ウーロン茶？」「先週酔っ払って財布失くしたんすよ。それで酒はJKしてるんです」

【JK】
じぇいけー

自分で考えろ

「今年の新人、周りから具体的に指示されなきゃ自分からは全然動かないね」「JKって書いた紙、おでこに貼っておこうか」

【JN】
じぇいえぬ

時間ない

「君らには想像つかないかもだけど、おれのスケジュールは目一杯埋まっててJNなの」「はいはい。もう酒飲みには誘いません」

【JO】 じぇいおー

時代遅れ

「まずはビールでいい?」「20代は最初からカクテル飲む奴が多いらしい。とりあえず生、なんて言ってるとJO扱いされるかも」

【JO】 じぇいおー

***ジャニーズオタク**

「30歳過ぎてJO扱いされると、自分でもこれでいいのかと思う」「だったら追っかけ止めれば?」＊「ジャニヲタ」ともいう。

【JT】 じぇいてぃー

ジャージ登校

「中学校だと、JTが義務づけられている学校って結構あるみたい」「ジャージだと制服よりも服装の乱れがないからかなあ」

【KA】 けーえー

***ケツアゴ**

「KAの人って、欧米に多いよね」「確かに日本人には少ないから、目立つかも」＊アゴの先端が尻のように割れていること。

【KB】 けーびー

***恋バナ**

「今週末、うちで鍋パーティーやらない?」「いいね〜、オール(徹夜)でKB語り明かそう!」＊恋愛に関する話。

【KD】 けーでぃー

顔がでかい

「あの子自分のKD意識してるのか、写真に撮られるとき、必ず顔を後ろに引くよね」「少しでも小顔に写りたい気持ちはわかる」

【KGY】
けーじーわい

今日学校休む

「母ちゃん。ダルいからKGYって電話しといて」「店の手伝いを丸一日するってのなら電話してあげるよ。バイト代なしで」

【KH】
けーえいち

気持ち引きずってる

「B組のヒデくんとすれ違うと、途端にあの子、早足で通り過ぎない?」「今でもまだKH。フラれてから1年も経つのにね」

【KI】
けーあい

カラオケ行きたい

「ねえねえ、今日放課後どうする?」「いつものKI? 行ってもいいけど、またマイク独り占めしないでよ」

【KIU】
けーあいゆー

髪が傷んでうねってる

「メチャメチャKIU。枝毛出まくりでやんなっちゃう」「*ブリーチしたら、ちゃんとケアしなきゃ」 *髪の毛を脱色すること。

【KK】
けーけー

口が臭い

「私の消したい過去といえば、初キスの相手がKKだったことかな」「よく言うよ。今じゃ自分が酒臭いくせにね」

【KK】
けーけー

ケース・バイ・ケース

「まったく。最近の若いヤツは自分で考えずに何でもかんでも聞いてくるよな」「世の中はKKだってことわからせなきゃいかん」

【KK】 けーけー
怖いのは顔だけ
「新任のサイトウ部長、よく話してみたら第一印象と違って、意外といい人だった」「なるほど。つまりKKなんだね」

【KK】 けーけー
婚約解消
「先月寿退社したハマノさんって、結局KKしたらしいよ。何か理由知ってる?」「…ちょっと待て。それをおれに聞くか!」

【KKM】 けーけーえむ
きまぐれ・きままに・まったりと
「定年まであと1カ月。これからはKKMな人生を楽しもう」「ちょっと待て。あんた10年前からそれやってきたじゃないか」

【KM】 けーえむ
顔も見たくない
「昨日の夜、今カノとケンカしちゃってさ。もう二度とKMって感じ」「とか言って、明日は謝りまくってるんじゃないの?」

【KM】 けーえむ
黒縁メガネ
「メガネ男子がブームだけど、彼のKMは昭和なニオイがする」「確かに。*のび太みたいだもんね」 *漫画「ドラえもん」の主人公。

【KM】 けーえむ
心が醜い
「あんたの元カレ、元気ないよ」「別れ際とはいえ、かなりひどいこと言っちゃったと思う。自分でもKMに思えて自己嫌悪」

【KME】《けーえむいー》 **かっこいい・モテる・エロい**

「自称KMEの人って、初めの2つは大体勘違いしているケースが多い」「なるほど。確かに私にも思い当たる人が3人いるよ」

【KMK】《けーえむけー》 **可愛く見える角度**

「今年の新卒入社の彼女、歓迎会のどの写真も同じ向きで写ってるね」「あれがあの子のKMKなんじゃない。見上げたもんだ」

【KMS】《けーえむえす》 **金を無駄遣いするな**

「生命保険のCMでアヒルが言ってるのも、要はKMSってことでしょ」「それなら保険に加入するのも慎重にってことだ」

【KNH】《けーえぬえいち》 **教科書・ノート・筆記用具**

「ワタナベ主任って何事も几帳面で準備がいいよね」「小学生のときは、前の夜にKNHをランドセルに用意してたようなタイプだね」

【KO】《けーおー》 ***隠れオタク**

「うちのクラスにも絶対KOがいるはずだ」「な、何でみんなおれを見るんだよ」 *オタクであることを普段隠している人のこと。

【KOK】《けーおーけー》 **声の音量考えて**

「隣から音がガンガン漏れてくるなぁ」「酔っぱらいのサラリーマンか。いくらカラオケボックスでも少しはKOKでないと」

「地球はAKT（＝青かった）。」

――ユーリ・A・ガガーリン

一九六一年四月十二日、人類初の宇宙飛行を行った旧ソ連の飛行士、ガガーリンの言葉。人類の夢を実現した男の感慨深いひと言も、KY語で表すと何とも拍子抜けの感があり、そのギャップがおもしろい。

【KP】《けーぴー》 **毛糸のパンツ**

「*ギャルだって寒けりゃKPはいてんだろ」「それはないでしょ」*茶髪、ルーズソックスといったファッションが特徴の女子高生。

【KP】《けーぴー》 ***キラーパス**

「駄目だよ、おれのKPギャグに反応してくれなきゃ」「鋭すぎてケガしそう」*サッカーで、得点につながる切れ味鋭いスルーパスのこと。

【KS】《けーえす》 **心が寒い**

「理由は言えないけど、この頃めちゃKSでさ…」「おれを見ろ。心だけじゃなくて、頭も懐《ふところ》も寒いんだぞ。自慢にはならんが」

【KSS】《けーえすえす》 **心地よく、涼しくて、過ごしやすい**

「金がもっとあれば、軽井沢のようにKSSな場所に別荘でも建てるんだけど」「その前に職場にもっと近い場所に引っ越せば?」

【KTM】《けーてぃーえむ》 **神が天から舞い降りた**

「センター試験のマークシート。答えはほとんどわからなかったけど、勘が当たりまくって高得点。まさにKTMだったね」

【KW】《けーだぶりゅー》 **携帯忘れた**

「おっ、公衆電話からの着信履歴が。誰かKW状態のヤツがいるな」「公衆電話ってまず使わないけど、こういうときは便利」

【KW】 けーだぶりゅー
隠れてもわからない
「あいつ、影薄いよなあ」「KWキャラ。子供のときは隠れん坊やってるときに友達に存在を忘れられたような口だな」

【KW】 けーだぶりゅー
気持ち悪い
「どうした？　顔色悪いな。乗り物酔いか、それとも酒の悪酔いか？」「その両方でKW。社員旅行はバスで行くからツライ」

【KY】 けーわい
今日はやめて
「駄目よ、KY。そういう気分じゃないから明日にして」「明日、明日って、お前の明日はいつ来るんだ!?」

【KY】 けーわい
考え読む
「あの人すっごい苦手。いつもKYされてる気がして」「何たって異常に*目力《めぢから》強いしね」
*目元の印象が強い、眼光が鋭いこと。

【MA】 えむえー
マジありえない
「いきなり来月から転勤とか言われたよ、前フリもなく。まったくMAって感じ」「そうでもないよ。会社員ならよくある話」

【MC】 えむしー
耳小さい
「カレのいちばん好きなところは…やっぱりMCなところかな」「ということは、結局、そんなに好きじゃないってわけね」

【MD《えむでぃー》】 メガネデビュー

「視力は左右ともに2.0ですが、*人気に便乗してついにMDしました」「似合うかどうかは検証しなかったの?」 *伊達メガネの流行。

【MD《えむでぃー》】 空しいだけ

「社長賞おめでとう。金一封もらえるみたいよ。中身は1万円らしい」「額を聞いたら途端にMDな気分になってきた」

【MDD《えむでぃーでぃー》】 メガネで出っ歯

「欧米では、いまだに日本人といえばMDDだと思っている人が多いらしい」「昭和30年代から印象が変わってないわけか」

【MH《えむえいち》】 見切り発車

「予算組みもマーケティングも何もやってないけど、とりあえず行くぞ〜!」「今回のプロジェクトは史上最大のMHだ」

【MHS《えむえいちえす》】 マジで本当に死んでしまいたい

「頑張ったんだけど、またフラれちまった…いっそのことMHS」「大丈夫。誰にでも人生にはモテる時期が3回訪れるらしいから」

【MK《えむけー》】 ムードこわす

「サッカーの国際試合で、国歌斉唱にアイドル呼ぶのはやめて欲しいよね」「MK過ぎて台無し。日本の恥さらすようだ」

【MM】《えむえむ》 **マクドナルドと*モス**

「食欲の秋だから、つい食べすぎちゃった」「もしかしてMMハシゴやっちゃった?」*「モスバーガー」のこと。

【MM】《えむえむ》 **無邪気で無神経**

「若い子が相手だと、可愛いってだけで、その子のMMをスルーするおっさんって多いよね～」「気づきさえもしない。腹立つ」

【MM】《えむえむ》 ***もみじマーク**

「じいちゃん、車に枯葉マーク付けた?」「あれはMMと言うんじゃ」*高齢運転者標識。70歳以上の運転者に表示の努力義務が課される。

【MMH】《えむえむえいち》 **目を見て話さない**

「となりの部長、いつもMMHらしくて。腹にイチモツって感じだよね」「ただ単に気が小さいだけだったりして。意外に」

【MP】《えむぴー》 **前髪*ぱっつん**

「イメチェンでMPにしてみたんだけど、どう?」「やや斜めってるけど、似合ってるよ。流行りだし」*髪の毛を切り揃えること。

【MS】《えむえす》 **みんなに避けられてる**

「あれだけ仲よかったのに、おれが昇進した途端にMSだよ」「同期の仲なんてそんなもんか…他に理由があるんじゃないの?」

【MT】《えむてぃー》 **みせつけ**

「あそこのカップル、MTのつもりかもしれないけど、正直、ピクリとも羨ましくない」「女の子が好みじゃないからか」

【MT】《えむてぃー》 **モテたい**

「世の中どこもかしこもMT、MTでうんざりしない?」「あんたはすでに諦めてるもんね。…ごめん、言い過ぎた。怒ってる?」

【MT】《えむてぃー》 **見ての通り**

「開き直りやがってMTですとか言うから、横っ面引っぱたいてやったよ」「見てた。メガネが飛んで大変だったね」

【MTK】《えむてぃーけー》 **メガネを取った顔**

「メガネ男子のヤマダ先輩、MTKが意外にマヌケで笑える」「メガネがイケてるだけに、落差が激しい。今度気を付けて見てみよ」

【MTY】《えむてぃーわい》 **無駄な抵抗はやめろ**

「今回ばかりは言い訳許しちゃ駄目よ。何があってもMTY路線を貫いて」「いつも肝心なところで弱腰だけど、今回は頑張る」

【MU】《えむゆー》 **マジうける**

「やだそれ、MUなんだけど～」「いいよ、気遣ってくれなくても。ギャグがスベったことは自分自身よくわかってるから」

「和をもってTT（＝貴し）となす。」

――聖徳太子『十七条憲法』より

官人や豪族の心構えを説いた十七の条文。このようにKY語で表すことができていれば堅苦しさがなくなり、諸人により親しまれたかもしれない。現代の堅い校則・社訓も、KY語でバケるか?

【NF】 えぬえふ

ネタ古い

「半日かけて作った資料のデータ保存し忘れて…でも、そんなの関係ねえ!」「…ってお前、それもう完全にNFだよ」

【NHK】 えぬえいちけー

年中*ヒョウ柄キャミソール

「うちの姉ちゃんNHKで恥ずかしい」「まさに大阪女。若いのに」*肩ひもで吊し肩を露出する女性の衣服。豹柄は大阪の年配女性が好むとされる。

【NHK】 えぬえいちけー

日本貧乳協会

「カレと海に行ったら、お前はどっちが前だかわからないって言われてさ」「さすがNHK会長。本当のこと言われると頭来るよね」

【NK】 えぬけー

何かが欠けてる

「最近、しみじみ自分ってNKだと思うんだよね」「うんうん。いっぱい欠けてるよ。正しく自分を理解できるようになったね」

【NM】 えぬえむ

なんて無情

「送り迎えしてくれてた貢ぎカレを、あの子フっちゃったみたいよ」「ああNM。天罰下って雷に打たれても不思議ないよね」

【NN】 えぬえぬ

何がなんでも

「主任、あそこの会社からの受注は結構ハードル高いっす」「確かに。でもな、あそこだけはNNで取りに行くからな。日和《ひよ》るなよ」

【NN】《えぬえぬ》 **流れに乗れてない**

「これといって不満や不安はないけど、何となくおれの人生NNだなって思う」「それが何かわからぬままに死ぬ。それも人生」

【NP】《えぬぴー》 **鍋パーティー**

「酒と材料は揃えたし、鍋もコンロもバッチリでいつでもNPできるな」「あとは来てくれる友達を探すだけだ…」

【NSI】《えぬえすあい》 **何すんだよ、いきなり**

「女の友達に、何か勘違いされて喫茶店で水ぶっかけられた」「そいつはNSI的展開だったな。どんな勘違いされたんだ?」

【NT】《えぬてぃー》 **日本語使え**

「KYだか何だか知らないけど、最近の若者にはちゃんとNT! って言いたいね」「お前、人のこと言えないだろ?」

【NT】《えぬてぃー》 ***ねずみ捕り**

「この先の死角にはNT張ってるから気をつけろよ」「あれに写った顔は間抜けだぞ」

*警察による交通取り締まりの俗称。

【OBK】《おーびーけー》 **オトコ・ブランド・金**

「OBKがすべてだったバブルの時代が懐かしいわ」「いまだに忘れられない人って、じつは多いよね。世代を感じさせるけど」

【OBM】《おーびーえむ》 **臆病者**

「私の心に棲《す》むOBMが、ちょっと待てって言って、私に電話をかけさせないの」「言い訳いいから、とっととかけろ」

【ODA】《おーでぃーえー》 **お金持ちだからあげる**

「え〜、ですから政府の国際援助はODA的な発想ではなく、対象国と手を携え、一緒に汗をかくことが重要でありまして…」

【OG】《おーじー》 **おおげさ**

「昨日の地震すごくなかった? 確実に震度7はあったよ」「あんたのOGっぷりには頭が下がるわ」

【OJT】《おーじぇいてぃー》 **お前若干タチ悪い**

「あいつムカつくからさ、家の前で犬にオシッコさせてやったよ」「それほど悪質ではないけど、OJTだな」

【OKK】《おーけーけー》 **お前の*かあちゃんキレイだね**

「しかし、いくつになってもOKK。今だから言うけど、おれの初恋の相手なんだ、じつは」

*「奥さん」の意として使う際は一層の配慮を要する。

【OM】《おーえむ》 **おしっこ漏れそう**

「事故渋滞ひどかったみたいね」「あのときはリアルにOMだったけど、言えなくて本当に困っちゃった」

【ON】 おーえぬ

おばあちゃん覗いてきて

「そう言えば、今日、朝から一回も姿見てないな」「そうね、心配だからちょっとON頼むね」

【ON】 おーえぬ

面白みない

「真面目だけが取り柄で、これといってONな男ですが、もし良かったら僕と所帯を持ってください」

【ON】 おーえぬ

女に殴られる

「公衆の面前で初めてONされたよ。*オヤジにも殴られたことないのに…」*アニメ「機動戦士ガンダム」の主人公アムロ・レイの有名な台詞。

【ONF】 おーえぬえふ

***大きなのっぽの古時計**

「ONFはカラオケで歌う人も多い」*「大きな古時計」の冒頭のフレーズ。原曲はアメリカの“My Grandfather's Clock”、作曲者はH・C・Work。

【OTT】 おーてぃーてぃー

おいといて

「他人に厳しく自分に甘く、都合の悪いことはOTT」「それこそがこれからの世の中を生き抜くコツかも」

【OY】 おーわい

お前幼稚だな

「自分でも不思議だけど哺《ほ》乳瓶とかおしゃぶりに異常に愛着を感じるんだ」「OYを通り越して、やや気持ち悪いね」

【PCK】 **ポッチャリ系**
ぴーしーけー

「包容力のある女性には魅力を感じるね」「それとは別だけど、男ってPCKが好きな人多いじゃん。その点、意外に女は無自覚」

【PKO】 ***パチョレック、郭李《かくり》、オマリー**
ぴーけーおー

「**JFKだの何だの言ってるけど、阪神タイガースと言えばPKOでしょ」*1990年代前半の外国人選手。**2007年現在活躍する3人の投手。

【PM】 **パンツ見せたろか**
ぴーえむ

「そこまでおれの浮気を疑うんだったら、PMも辞さないぞ」「完全に裏返しになってるじゃない…」

【PTA】 **パットを使うAカップ**
ぴーてぃーえー

「僕の好みの女性のタイプはPTAですね」「一歩間違うと、ロリコン趣味と間違えられるから、気をつけな」

【PTA】 **パンツ、タイツ、網タイツ**
ぴーてぃーえー

「僕はあくまで女性のPTAにこだわりたい」「*脚フェチとしか思えない」*「脚フェティシズム」の略。女性の脚を性愛の対象とする男性の心理。

【PTA】 ***パトラッシュとあるいた**
ぴーてぃーえー

「挫《くじ》けそうなとき、僕は心の中でPTAを口ずさむ」*アニメ「フランダースの犬」主題歌の一部分。愛犬とともにいる楽しい心持ちが軽やかに歌われる。

KY語　声に出して読む名句・名言⑦

「春はAB（＝あけぼの）。」
「夏はY（＝よる）。」
「秋はYG（＝夕暮）。」
「冬はTM（＝つとめて）。」

——清少納言『枕草子』より

四季や自然の情趣をつづった開巻第一段。原文のままではおぼえにくい古文も、このようにKY語にすれば頭に残りやすくなるかもしれない。

【RC】
あーるしー

***路駐**

「ラーメン食う間はRCでも大丈夫だろ」「**ミニパトに取り締まられませんように」＊「路上駐車」の略。＊＊軽自動車など小型車のパトカー。

【RG】
あーるじー

論外

「競合の入札になるだろうけど、そもそも当社はRGだろうからな」「かと言って手を抜くわけにもいかないしな。ツラいね」

【RIS】
あーるあいえす

恋愛依存症

「ここ１年でも、すごい男の変えっぷり。RISだっていうこと自覚してるの?」「それはあんたにだけは言われたくないよ」

【RJ】
あーるじぇい

料理上手

「今カレってイケメンで高収入、その上RJなんだよね」「それは条件整いすぎ。どこかに落とし穴が潜んでるんじゃない?」

【RK】
あーるけー

リアルにカッコいい

「スキー場で会った人イケてたね」「東京で会うまではRKかどうかわからないよ。スキー場と街の中じゃ見た目全然違うから」

【RN】
あーるえぬ

***リアルじゃない**

「好き好き言ってくるんだけど、何かRN。悪い人じゃないんだけど」「単に好みじゃないんじゃないの?」＊実感を伴わない。

【RT】
あーるてぃー

***ロスタイム**

「定年延長が認められて良かったですね」「まあな、でもRTみたいなもんだから」＊競技時間に勘定しない時間。その時間分、試合の延長を行う。

【SGI】
えすじーあい

仕事*命

「今日から私、SGIで行くから」「もう他に選択肢がなくなったってこと?」＊(「〜命」の形で)最優先、最重要の位置づけで行動すること。

【SK】
えすけー

すこぶる汚い

「何ががっかりしたってさ、彼女の部屋に初めて行ったらSKでさ、足の踏み場もないくらいなんだ」「そりゃ衝撃的」

【SK】
えすけー

視線が絡み合う

「事あるごとに、なぜか2つ上の先輩とキツくSKしちゃうんだけど…」「男のバッティングでもしてんじゃないの」

【SK】
えすけー

心《しん》そこ後悔

「別れた例の彼女のことで、じつはSKしてるんだ」「今頃気づくなんてツラいね。何とかよりを戻す方法はないのか」

【SKK】
えすけーけー

空ってこんなに綺麗だったの

「ヨシダ先輩、社会人になって初カレできたみたい」「よかったね! そりゃ、さぞかし世界も明るくなって、SKKなことでしょう」

【SKN】 すべての気力がなくなった

えすけーえぬ

「女にフラれて、賃金カット。もうSKN」「そういうときって、なぜか*スロット出るんだよね」

*「パチスロ」のこと。

【SKY】 駿台・河合・代ゼミ

えすけーわい

「さて、大学浪人も決まったし、早いところ予備校決めなくちゃ」「おれはSKYみたいな大手はやめとくよ」

【SL】 好きな子とラブラブ

えすえる

「人としていちばんの幸せは、いつまでもSLでいることだと思ってた。ま、昔の話だけど」「いくつになってもSLが理想なのは確かよ」

【SN】 世話女房

えすえぬ

「おじさんが女の子をSNって評価するの、結構当たってないよね」「大体が普段はネコかぶってるから。見えてないよね」

【SN】 仕方ない

えすえぬ

「あれだけ説明したのに、先方にはわかってもらえない。もはやSNですね」「交渉は物別れということで…」

【SS】 スマイルスマイル

えすえす

「せっかくのデートなのに何すねてんの？　ほらSS」「お前ね!　約束の時間に３時間も遅れといて、しれっとしてるってどうなんだ」

【SS】 えすえす

正直しんどい

「やれと言われればやりますよ、会社員ですから…。でも、*ぶっちゃけそろそろSSです」

*本音で言うと。

【SSJ】 えすえすじぇー

そうさせたのは自分

「総務のノグチ、陰口は叩くし人見て態度変えるし、まったくさもしい女だと思わんか?」「う〜ん。大本をたどればSSJなんだ」

【ST】 えすてぃー

知ったかぶり

「負けん気強いのはいいけど、そのST直しておかないと、いつか大恥かくから気をつけろ」「自分でもそれはわかってます」

【STK】 えすてぃーけー

ストーカー

「ユウスケくんのこと考えてると、いつの間にか彼の家の前に立ってるの、私」「それをSTKって言うんだよ」

【SU】 えすゆー

生理的に受けつけない

「性格もいいし、顔もそこそこ。こざっぱりしてるし、これと言って悪いところないんだけど、何ていうかSU」

【SU】 えすゆー

誠実が売り

「昨日の合コン、成果はどうだった?」「うーん。一番マシな人でさえSUだけって感じでさ。早々に帰ったよ」

わがこゝろなきTI（＝ためいき）の
その髪の毛にかゝるとき
たのしき恋の盃《さかずき》を
君が情にKSK（＝酌《く》みしかな）

林檎畑のKS（＝樹《こ》の下）に
おのづからなる細道は
誰《た》がFSS（＝踏みそめし）かたみぞと
問ひたまふこそKSK（＝こひしけれ）

——島崎藤村「初恋」より

青春の懊悩や恋愛を、西欧風の感覚と伝統的な七五調でうたいあげた『若菜集』は、日本近代詩のあけぼのともいわれる記念碑的な作品。詩からほとばしり出る激情に、水をかけるようなKY語がいい按配である。

まだあげ初《そ》めしMG（＝前髪）の
林檎《りんご》のもとにMST（＝見えしとき）
前にさしたる花櫛《はなぐし》の
花ある君と思ひけり

やさしく白きTNT（＝手をのべて）
林檎をわれにあたへしは
薄紅《うすくれなゐ》の秋の実に
人KSS（＝こひ初めし）はじめなり

【SW】《えすだぶりゅー》 **趣味悪い**

「性格は悪いし、顔も不細工。これと言っていいところないのよ、うちのカレ」「前々から思ってたけど、本当SWだよね」

【SY】《えすわい》 **最低なヤツ**

「お前、時間にルーズだし約束守らないし、つくづくSYだな」「恥ずかしながらよく言われます。でも生まれつきですから…」

【TB】《てぃーびー》 **天然ボケ**

「TBを装う女って多いじゃん」「女だけじゃなく男からも嫌われるのに…それがわからないとは、じつに不思議だよな」

【TD】《てぃーでぃー》 ***ツンデレ**

「TD好みってオタクの性癖だって言われるけど、おれも好きだわ」＊普段はツンと澄ましているが、２人だけのときはデレデレするタイプの女性。

【TI】《てぃーあい》 **次いってみよ～**

「ちゃちなプレゼン負けたくらいでくよくよするな！気持ち切り替えてTIだ」「今回働いた人間は、みんな結構へコんでるんですけど」

【TKM】《てぃーけーえむ》 **太陽が黄色く見える**

「昨日、筋トレし過ぎてTKM状態」「体使い過ぎるとなぜかそうなるよね…おれも若い頃はそうだった」

【TM】 てぃーえむ **トラブルメーカー**

「特に何かするわけじゃないけど、あいつが絡むと何かが起こる」「人呼んで*ナチュラルボーンTM」＊「生来の」の意。

【TP】 てぃーぴー **トイレットペーパー**

「女子トイレからすごい勢いでカランカランTP巻く音してくるね」「庶務のおばちゃん使いすぎ。環境問題だよ」

【TS】 てぃーえす **ただの錯覚**

「庶務のキムラちゃん、おれにだけ優しい気がする」「悪いけど、それはTS。*自過剰でしょ」＊「自意識過剰」の略。

【TSB】 てぃーえすびー **立ち小便**

「暮れなずむ夕陽のなか、無二の親友とのTSB…この光景をおれはずっと忘れないよ」「男同士の友情の深まりを感じるなぁ」

【TSK】 てぃーえすけー **たかがそんなことで**

「今にして思うとTSK的な別離だったと思う今日この頃」「仕方ないよ。そのときはそれが大事なことだったんだから」

【TSO】 てぃーえすおー **年下の男**

「10歳も年が違うと、怒ってるのかすねてるのか、よくわからなくて」「私はTSO体験がないんで、うまくアドバイスできないよ」

【TT】《てぃーてぃー》 **ただの友達**

「はっきり言っとく。あいつとは正真正銘のTTだから」「その台詞《せりふ》、もう5回は聞いた。それじゃ説明になってないよ」

【TTS】《てぃーてぃーえす》 **常に的確で辛辣《しんらつ》**

「どんな職場にもTTSなお局《つぼね》っているよね」「そのタイプに対してさ、なぜか何やっても許される男っているよな」

【TUO】《てぃーゆーおー》 **年上の女**

「年上の女房は金の草鞋《わらじ》を履いてでも探せ、って言うね」「TUOがありがたいってか。昔の人に発言の責任とってもらいたいね」

【UD】《ゆーでぃー》 **うるさい黙れ**

「みっともないからこんな人前で大きな声出さないで頂戴!」「お前こそUD!　おれの3倍くらいの声張り上げやがって」

【UKS】《ゆーけーえす》 **疑うことを知らない**

「新卒入社の彼、私の言うこと何でも聞くし信じちゃうの」「調教してるわけ?　それってUKSなのか、ただのバカなのか」

【UM】《ゆーえむ》 **うんこ漏れる**

「何だヨシオカ、またトイレか?」「スミマセン、先生。憚《はばか》りながら急な差し込みでUMしそうなんです…」

【UM】《ゆーえむ》 **海を見ていた**

「うちの課長、昨日休んで何してたか知ってる?」「聞いたよ…。丸一日一人でUMしてたんだって。軽くヤバくない」

【UN】《ゆーえぬ》 **嘘の匂い**

「やつのUNを感じてなかったわけじゃないんだけれど…」「二重否定でわかりづらいんだけど。結局知ってたわけね?」

【UTS】《ゆーてぃーえす》 **優等生**

「おうおう、UTSだからって調子こいてんじゃねえぞ」「僕の前を遮《さえぎ》らないでくれ。キミとは一生交わるところはないはずだ」

【WDS】《だぶりゅーでぃーえす》 **私のどこが好き**

「喫茶店でいきなりWDSとか言われてもなあ」「そりゃお疲れさん。おれだったら、どこで聞かれても困るけど」

【WO】《だぶりゅーおー》 **私だけ置いてけぼり**

「同期は寿退社組とか海外留学行っちゃった人とかで、会社に残ってるの私だけになっちゃった」「もしかしてWOとか思ってない?」

【YM】《わいえむ》 **夢を見させて**

「あの頃は、彼のことYMしてくれる男だと思ってた。若かったから見る目がなかったというか」「その点じゃ今でも十分若いわよ」

【YM】《わいえむ》 **やる気まんまん**

「今度の部長って見るからにYMで頼もしい」「でも、気持ちに頭の働きが追いつけてないのが玉にキズだね」

【YN】《わいえぬ》 **夢がない**

「プロ野球選手になったからには、引退後は自分の店を持ちたいです」「選手としての抱負はどうなんだ。新人のくせにYNだ」

【YN】《わいえぬ》 **弱みを握る**

「思いがけないところで隠しカノといるとこ見られてさ」「あいつにYNされてる人多いみたいよ。口止め料払っておく?」

【ZM】《ぜっとえむ》 **ずっと待ってる**

「あいつ、おれに好きになってもらうまでZMだって言うんだよ」「一歩間違えば“ずっとモメてる”のZMになりかねないんじゃ?」

【ZT】《ぜっとてぃー》 **ずっと友達**

「うちらZTだと思ってたのに…」「ゴメンね。チサトとはZTだけど、カレのことは別。それだけは譲れないの」

【ZZ】《ぜっとぜっと》 **ずうずうしい**

「取引先の営業のタカハシさん、時々、タメ口になるよね」「そうそう。いくらうちの担当が長いからって、ちょっとZZ」

「人の褌《ふんどし》でSM（＝相撲）を取る」

他人のものを利用して自分の利益をはかる。人のものを利用したりして、ちゃっかりと利をはかるずるさを非難していう。

――日本のことわざ

視覚的・聴覚的な変化によって小難しい表現をより親しみやすくしたり、言葉にリズム感を与えるKY語の効果が表れている例。古来、紋切り型に使い続けられてきたことわざにも、新たな命が吹き込まれている。類義表現に、「人のGB（＝牛蒡〔ごぼう〕）で法事する」がある。

索引

A

AA(甘酢あんかけ)… 75
AAW(アル中まであとわずか)… 82
AB(甘いモノは別腹)… 74
AI(足痛い)… 26,82
AK(後が気まずい)… 63
AKB(アキバ)… 82
AKY(あえて空気読まない)… 17
AM(相席は無理)… 56
AM(後でまたね)… 18
AN(アドレス長い)… 68
AN(あれはナイでしょ)… 20
AO(秋葉原のオタク)… 82
AO(アニメオタク)… 21,82
ATM(アホな父ちゃんもういらへん)… 19
ATM(あんたタバコ持っとん?)… 82
AY(あわよくば)… 83
AZ(甘酒)… 69

B

BBC(馬場チョップ)… 83
BBC(ビリーズ・ブート・キャンプ)… 83
BBC(ブスとブスのカップル)… 24
BI(バレたら異動)… 63
BI(部活行く)… 83
BIU(僕の言うことにウソはない)… 83
BJ(バリ重要)… 83
BK(バカなカーナビ)… 73
BK(バリカッコイイ)… 84
BK(バリカワイイ)… 84
BK(便秘解消)… 61
BKK(場の空気こわす)… 17
BMW(バカまる出しの若者)… 67
BNA(勉強なのか遊びなのか)… 84
BP(膀胱ピンチ)… 84
BPB(ブラとパンツが別々)… 84
BR5(ブレーキランプ5回)… 72
BS(ブランドショップ)… 77
BT(ボケとツッコミ)… 84
BW(場をわきまえろ)… 85
BY(場が読めない)… 17

C

CB(超微妙)… 20
CB(ちょっと病気)… 85
CBS(力不足で済まない)… 85
CIK(ちょっと痛い子)… 85
CK(調子こいてる)… 85
CM(ちょっと待って)… 18
CS(超寒い)… 22
CZ(チャック全開)… 85

D

DB(ドン引き)… 22
DBK(だいぶバカップル)… 86
DC(男子中学生)… 29
DC(デパ地下)… 76
DD(誰でも大好き)… 21
DDK(どんなドロ沼でも覚悟してる)… 86
DDS(だめな男子の集会場)… 86

DF(どんまいフェイス)… 86
DG(土俵際)… 86
DH(男性ホルモン)… 86
DH(でこ広い)… 88
DHA(同伴あり)… 79
DI(誰にも言わないで)… 88
DID(だってイヤだったんだもん)… 88
DIK(どうしても言えないこと)… 88
DK(大事なところでかむ)… 22
DK(ダメだこりゃ)… 88
DK(男子高生)… 29
DK(土足禁止)… 72
DM(伊達メガネ)… 88
DM(ドンマイ)… 18
DSI(ダサい)… 89
DSK(ダンディー・スマート・カッコイイ)… 89
DSK(デブ・スケベ・臭い)… 89
DSY(大親友)… 89
DT(同期トップ)… 50
DTN(だるい・つらい・ねむい)… 89
DVD(デブ・バーサス・デブ)… 89

E F

ED(エレクトできない)… 90
EK(エロかわいい)… 90
ET(演奏停止)… 71
FA(ファイナルアンサー)… 90
FB(風呂上がりのビール)… 69
FBI(不正行為撲滅委員会)… 19,90
FD(フケ出てる)… 90
FFK(フラれてフラれて帰る)… 36
FH(フィルターに火)… 55
FK(ファンデ濃い)… 23
FM(二股)… 90
FP(ふくらはぎパンパン)… 77
FU(不確かな噂)… 92

G

GB(グチばっかり)… 59
GBST(ごぶさた)… 61
GE(外勤営業)… 51
GI(牛乳一気飲み)… 19,92
GK(我慢が肝心)… 38
GK(学校来ない)… 92
GK(業者変えろ)… 57
GM(牛丼のほうがマシ)… 74
GM(ゲームマニア)… 92
GMM(偶然街で会った元カレ)… 24
GMY(義理チョコまだ喜ぶか)… 49
GP(下痢ピー)… 92
GS(ごますり)… 92
GSB(ご祝儀貧乏)… 93

H

3H(変態・ハゲ・腹出てる)… 32
HB(ハウスボトル)… 78
HB(ハード貧乏)… 93
HB(箸袋)… 65
HD(ヒマだから電話する)… 25
HG(掘りごたつ)… 52
HH(箸が下手)… 57
HH(秘書室に配属)… 51
HI(腹が痛い)… 93
HK(はっきり断る)… 79

HK(話変わるけど)… 45
HK(放送禁止)… 93
HK(本当に勘弁して)… 93
HKZ(ほんま絡みづらい)… 31
HM(話戻るけど)… 45
HM(ほんじゃ、またね)… 18
HN(半端なナツメロ)… 71
HO(ひょっとして男)… 67
HR(ひとりランチ)… 58
HT(話ついて行けない)… 26,28
HU(歯が浮く)… 93
HY(早くやれ)… 94

I

IC(いちゃつく中年)… 66
IF(意味不明)… 28
II(イニシャルで言って)… 94
IIY(一方的な言い方は止せ)… 94
IK(イタい勘違い)… 44
IK(イラッとくる)… 94
IKS(いい根性してる)… 94
IM(意外な銘柄)… 55
IM(いばらの道)… 94
IN(今のはなかったことで)… 95
IP(いつものパターン)… 95
IP(意味プ)… 28
IR(行くならランチまで)… 59
ISO(一発ですぐにおしまい)… 95
IT(アイス食べたい)… 27
IT(いなかっぺ大将)… 95
IUM(一生埋まらない溝)… 95
IW(意味わかんない)… 26,28

J

JA(人生の味)… 64
JC(女子中学生)… 29
JD(女子大生)… 29
JE(自動延長)… 79
JG(ジジ殺し)… 70
JH(時間が必要)… 95
JJ(上下ジャージ)… 19,98
JK(自主規制)… 98
JK(自動改札)… 67
JK(自分で考えろ)… 98
JK(常識的に考えて)… 98
JK(冗談は顔だけにして)… 98
JK(女子高生)… 29
JN(時間ない)… 98
JO(時代遅れ)… 99
JO(ジャニーズオタク)… 21,99
JS(時間差出勤)… 63
JS(場内指名)… 78
JS(女子小学生)… 29
JT(ジャージ登校)… 99
JY(状況読めない)… 39

K

3K(きもい・汚い・臭い)… 32
KA(かみさん)… 36
KA(ケツアゴ)… 99
KB(かなり微妙)… 20
KB(空気ぶちこわし)… 17,39
KB(恋バナ)… 99
KD(顔がでかい)… 99
KD(かつらデビュー)… 30

KD(絡むのダルい)… 31
KD(高校デビュー)… 30
KDDI(絡むのダルいだから嫌)… 31
KF(国道沿いのファミレス)… 73
KG(今日はゴメンね)… 18
KGY(今日学校休む)… 100
KH(勘違い激しすぎ)… 44
KH(キータッチ早い)… 49
KH(気持ち引きずってる)… 100
KI(カラオケ行きたい)… 27, 100
KIU(髪が傷んでうねってる)… 100
KK(過剰な勘違い)… 44
KK(カツ丼付き かけ蕎麦)… 75
KK(口が臭い)… 100
KK(ケース・バイ・ケース)… 100
KK(香水くさい)… 61
KK(怖いのは顔だけ)… 101
KK(婚約解消)… 101
KKM(きまぐれ・きままに・まったりと)… 101
KKY(急に会話が止む)… 54
KM(顔も見たくない)… 101
KM(黒縁メガネ)… 101
KM(心が醜い)… 101
KME(かっこいい・モテる・エロい)… 102
KMK(可愛く見える角度)… 102
KMN(今日は難しい話抜き)… 53
KMS(金を無駄遣いするな)… 102
KN(絡みにくい)… 31
KN(缶コーヒーを飲む)… 54
KNH(教科書・ノート・筆記用具)… 102
KO(隠れオタク)… 102
KOK(声の音量考えて)… 102
KP(キラーパス)… 104
KP(毛糸のパンツ)… 104
KS(熊本は好きか)… 50
KS(心が寒い)… 104
KSH(勘の鋭い派遣社員)… 63
KSS(心地よく、涼しくて、過ごしやすい)… 104
KTM(神が天から舞い降りた)… 104
KW(隠れてもわからない)… 105
KW(気持ち悪い)… 105
KW(携帯忘れた)… 104
KY(考え読む)… 105
KY(急な呼び出し)… 57
KY(今日はやめて)… 105
KY(空気読めない)… 16
KY2(空気読めない嫌われたヤツ)… 17
KYB(空気読めないバカ)… 17
KYDJ(空気読めないどころじゃない)… 17
KYG(空気読めなくてゴメン)… 17
KYKK(空気読めないことに気が付かない)… 17
KZ(絡みづらい)… 31

L M

LIB(ラブな相手はいつもブサイク)… 24
3M(マジでもう無理)… 32
MA(マジありえない)… 105
MB(マイクがベトベト)… 70
MB(無口な部長)… 53
MB5(マジぶっとばす5秒前)… 34
MC(耳小さい)… 105
MD(空しいだけ)… 106
MD(メガネデビュー)… 30, 106
MDD(メガネで出っ歯)… 106

MG(ムダ毛)… 60
MH(まさかの匍匐前進)… 33
MH(味方をひとり)… 62
MH(見切り発車)… 106
MHS(マジで本当に死んでしまいたい)… 37, 106
MHZ(まさかの匍匐前進)… 33
3MK(3年で戻って来い)… 51
MK(前株)… 53
MK(ムードこわす)… 106
MK5(マジ帰りたい5秒前)… 34
MK5(マジキレる5秒前)… 34
MM(マクドナルドとモス)… 107
MM(マジマッハ)… 35
MM(マジムカつく)… 35
MM(マジめんどくさい)… 26
MM(マニュアルは無理)… 72
MM(無邪気で無神経)… 107
MM(もみじマーク)… 107
MMH(目を見て話さない)… 107
MMK(モテてモテて困っちゃう)… 36
MO5(マジでお時間5分前)… 71
MP(前髪ぱっつん)… 107
MP(前のパーティー)… 68
MS(密談は慎重に)… 49
MS(みんなに避けられてる)… 107
MT(みせつけ)… 108
MT(見ての通り)… 108
MT(モテたい)… 108
MT(もらいタバコ)… 54
MT5(マジ吐血する5秒前)… 34
MTD(見てるだけ)… 76
MTK(メガネを取った顔)… 108
MTY(無駄な抵抗はやめろ)… 108
MU(マジうける)… 108
MU(マジうざい)… 35

N

NA(仲居の愛想)… 52
NB(なんちゃってブランド)… 61
NB(ネタバレ)… 22
NC(ニセ乳)… 61
ND(人間としてどうよ)… 37
NF(ネタ古い)… 110
NG(肉がっつり)… 75
NH(なるべく早く)… 78
NHK(日本貧乳協会)… 110
NHK(年中ヒョウ柄キャミソール)… 110
NJ(中吊り熟読)… 67
NJ(飲ませ上手)… 65
NK(何かが欠けてる)… 110
NK(ぬる燗)… 64
NM(なんて無情)… 110
NN(流れに乗れてない)… 111
NN(何がなんでも)… 110
NP(鍋パーティー)… 111
NPK(ナプキン貸して)… 60
NS(能力より性格)… 48
NSI(何すんだよ、いきなり)… 111
NT(日本語使え)… 111
NT(ねずみ捕り)… 111
NT(眠いの通り越してる)… 38
NTT(荷物担当)… 77
NW(ノリ悪い)… 39
NY(燃費優先)… 73

O

OBK(オトコ・ブランド・金)… 111
OBM(臆病者)… 112
OD(お肉大好き)… 27
ODA(お金持ちだからあげる)… 112
ODD(お前、大学どうする)… 38
OG(おおげさ)… 112
OJT(お前若干タチ悪い)… 112
OK(おさわり禁止)… 79
OKK(お前のかあちゃんキレイだね)… 112
OM(おしっこ漏れそう)… 112
OM(おはようメール)… 59
OM(お礼のメール)… 53
ON(お酒抜き)… 74
ON(おばあちゃん覗いてきて)… 113
ON(おぼえづらい名前)… 48
ON(面白みない)… 113
ON(女に殴られる)… 113
ONF(大きなのっぽの古時計)… 113
OO(お水のおねだり)… 77
OS(同じ世代)… 71
OS(お見合い写真)… 59
OS(温度設定)… 49
OT(教えたがり)… 68
OTK(音立てて食うな)… 56
OTT(おいといて)… 18, 113
OY(お前幼稚だな)… 113

P

PCK(ポッチャリ系)… 114
PH(パンツはみ出る)… 40
PK(パンツ食い込む)… 40
PKO(パチョレック、郭李、オマリー)… 114
PKO(パンツ食い込んだお尻)… 40
PM(パンツ見えてる)… 40
PM(パンツ見せたろか)… 114
PN(パンダの乗り物)… 77
PSI(パンツにシャツイン)… 41
PTA(パットを使うAカップ)… 114
PTA(パトラッシュとあるいた)… 114
PTA(パンツ、タイツ、網タイツ)… 114
PTA(パンとアイスコーヒー)… 57

Q R

QBK(急にボールが来たので)… 42
RC(路駐)… 116
RD(落差が醍醐味)… 62
RG(論外)… 116
RIS(恋愛依存症)… 116
RJ(料理上手)… 116
RK(リアルにカッコいい)… 116
RKY(リアルに空気読めない)… 17
RN(リアルじゃない)… 116
RS(恋愛しばり)… 71
RT(ロスタイム)… 117
RU/UR(利益より売上/売上より利益)… 48

S

SB(車庫入れはバトンタッチ)… 73
SB(首都高バトル)… 73
SB(素振り)… 69
SB(相当微妙)… 20
SD(社会人デビュー)… 30
SD(吸いだめ)… 55

SD(スカデン)… 25
SGI(仕事命)… 117
SI(最後の一杯)… 65
SI(先行くぜ)… 51
SIL(好きな子といつもラブラブ)… 24
SK(視線が絡み合う)… 117
SK(下ネタ禁止)… 52
SK(心そこ後悔)… 117
SK(すこぶる汚い)… 117
SK(素敵な勘違い)… 44
SK(生理休暇)… 60
SKK(空ってこんなに綺麗だったの)… 117
SKN(すべての気力がなくなった)… 118
SKY(駿台・河合・代ゼミ)… 118
SKY
(最高に空気読めない/相当空気読めない)… 17
SL(好きな子とラブラブ)… 118
SM(シケモク)… 55
SM(車内メーク)… 58
SMS(終了間際の社員食堂)… 57
SN(仕方ない)… 118
SN(世話女房)… 118
SO(掃除のおばちゃん)… 62
SOM(酒が教えてくれたモノ)… 64
SS(正直しんどい)… 119
SS(スポーツ新聞)… 67
SS(スマイルスマイル)… 118
SS(背中が寒い)… 65
SSJ(そうさせたのは自分)… 119
SSK(捜索開始)… 69
ST(知ったかぶり)… 119
STK(ストーカー)… 119
SU(誠実が売り)… 119
SU(生理的に受けつけない)… 119
SW(趣味悪い)… 122
SY(最低なヤツ)… 122
SZ(収穫ゼロ)… 59

T

3T(定期テスト対策)… 32
TA(つなぎのアニソン)… 70
TB(天然ボケ)… 122
TD(ツンデレ)… 122
TD(テンション ダウン)… 43
TH(テンガロンハット)… 69
TI(次いってみよ〜)… 122
TJ(詰め替え準備)… 53
TK(とんだ勘違い)… 44
TKM(太陽が黄色く見える)… 122
TM(定年待ち)… 49
TM(トラブルメーカー)… 123
TN(とりあえず生)… 65
TO(とりあえず降りよう)… 66
TP(トイレットペーパー)… 123
TS(ただの錯覚)… 123
TS(つめしぼ)… 79
TS(豚骨醤油)… 75
TSB(立ち小便)… 123
TSK(たかがそんなことで)… 123
TSO(年下の男)… 123
TT(ただの友達)… 124
TT(玉突き)… 51
TTS(常に的確で辛辣)… 124

TUO(年上の女)… 124

U

UD(ウザデン)… 25
UD(うるさい黙れ)… 124
UFO(ウルトラ不潔オヤジ)… 58
UKS(疑うことを知らない)… 124
UM(海を見ていた)… 125
UM(うんこ漏れる)… 124
UN(嘘の匂い)… 125
URM(うちのラインの負け)… 50
US(後ろ姿)… 55
US(生まれてスミマセン)… 37
UTS(優等生)… 125

W X

WDS(私のどこが好き)… 125
WH(話題変更)… 45
WO(私だけ置いてけぼり)… 125
XG(クリスマス限定)… 76

Y Z

YH(指入ってる)… 56
YK(読め！ 空気を)… 17
YM(やる気まんまん)… 126
YM(夢を見させて)… 125
YN(夢がない)… 126
YN(弱みを握る)… 126
YS(役員室)… 63
YTD(野菜も食べなきゃ駄目)… 75
ZM(ずっと待ってる)… 126
ZT(ずっと友達)… 126
ZZ(ずうずうしい)… 126
ZZ(ズラずれてる)… 66

[編著者略歴]

北原保雄（きたはら　やすお）
1936年、新潟県柏崎市生まれ。1966年、東京教育大学大学院修了。文学博士。筑波大学名誉教授（前筑波大学長）。独立行政法人日本学生支援機構理事長。
■主な著書
『日本語の世界6　日本語の文法』（中央公論社）、『日本語助動詞の研究』『問題な日本語』『続弾！ 問題な日本語』『問題な日本語 その3』『北原保雄の日本語文法セミナー』（以上、大修館書店）など。
■主な辞典
『古語大辞典』（共編、小学館）、『全訳古語例解辞典』（小学館）、『日本国語大辞典第2版）』全13巻（共編、小学館）、『明鏡国語辞典』『明鏡ことわざ成句使い方辞典』（以上、大修館書店）など。

KY式《しき》日本語《にほんご》——ローマ字略語《じりゃくご》がなぜ流行《はや》るのか

NDC814/vi, 135p/18cm

初版第1刷——2008年2月10日
　　第3刷——2008年2月20日

編著者————北原保雄《きたはらやすお》
編　集————「もっと明鏡《めいきょう》」委員会《いいんかい》
発行者————鈴木一行
発行所————株式会社 大修館書店
〒101-8466 東京都千代田区神田錦町3-24
電話03-3295-6231（販売部）03-3295-4481（編集部）
振替00190-7-40504
[出版情報] http://www.taishukan.co.jp

装丁者————井之上聖子
印刷・製本——壮光舎印刷

ISBN978-4-469-22196-1　Printed in Japan